高校体育研究成果丛书

弘扬求是精神，打造学术研究精品
提升创新能力，促进学术交流发展

青少年篮球人才的培养与实训

QINGSHAONIAN LANQIU RENCAI DE PEIYANG YU SHIXUN

曲京 著

中国书籍出版社
China Book Press

图书在版编目（CIP）数据

青少年篮球人才的培养与实训 / 曲京著. —北京：
中国书籍出版社，2015.11
ISBN 978-7-5068-5258-6

Ⅰ. ①青… Ⅱ. ①曲… Ⅲ. ①青少年 – 篮球运动 –
运动训练 – 研究 Ⅳ. ① G841.2

中国版本图书馆 CIP 数据核字（2015）第 265290 号

青少年篮球人才的培养与实训

曲 京 著

丛书策划	谭 鹏 武 斌
责任编辑	成晓春
责任印制	孙马飞 马 芝
封面设计	崔 蕾
出版发行	中国书籍出版社
地 址	北京市丰台区三路居路 97 号（邮编：100073）
电 话	（010）52257143（总编室）（010）52257140（发行部）
电子邮箱	chinabp@vip.sina.com
经 销	全国新华书店
印 刷	三河市铭浩彩色印装有限公司
开 本	710 毫米 ×1000 毫米 1/16
印 张	16
字 数	300 千字
版 次	2016 年 11 月第 1 版 2016 年 11 月第 1 次印刷
书 号	ISBN 978-7-5068-5258-6
定 价	52.00 元

版权所有 翻印必究

前言

随着时代的进步，世界篮球运动的发展进入了一个新的阶段。但是从整体上来看，当前世界篮球运动的发展具有一定的不均衡性，篮球运动人才水平也表现出参差不齐的特点。美国和西欧一些国家的篮球发展水平较高，篮球人才也较多。而我国篮球运动水平与世界一流水平相比，仍存在一定的差距，篮球人才也较为缺乏。随着"姚明一代"的退役，这种差距有被逐渐拉大的趋势。因此，我国要缩小与世界篮球运动水平一流国家之间的差距，就必须在篮球运动训练和人才培养等方面有一些新的突破。

要想发展某项体育运动，首先必须了解这项运动的本质规律，并且各方面工作的开展都要以这种规律为基础。为了使我国篮球运动发展为世界一流水平，对青少年篮球人才的培养就成为体育事业中的重中之重。从我国目前的研究现状来看，研究篮球技战术训练方法和篮球理论方面的较多，而有关青少年篮球人才培养的内容较为稀少。鉴于此，笔者撰写了《青少年篮球人才的培养与实训》一书，以期弥补当前该领域缺少相关研究的漏洞，为青少年篮球人才的培养提供理论和方法上的指导，进而为我国篮球竞技水平的提高贡献一份力量。

本书内容共分为八章，第一章首先对我国青少年篮球人才培养的概况与对策进行了深入的分析；第二章对青少年篮球人才培训的理念与模式进行了详细的论述；第三、四章分别对青少年篮球人才培养的基础理论体系和实操体系的构建进行了阐述；第五章至第七章分别对青少年篮球人才体能与心理能力、技术能力、战术能力的培养进行了系统的研究；第八章对促进青少年篮球人才综合素质提高的游戏训练进行了相关的探讨。

全书以青少年篮球人才的培养与实训为主要研究线索，对我国青少年篮球人才在各方面的相关问题进行了深入的分析与研究。本书在论述过程中力求做到结构清晰完整，内容全面科学，坚持理论与实践相结合，以满足当前我国对青少年篮球人才进行培养的现实需要。

本书在撰写过程中，参考和借鉴了一些国内外相关学者的研究资料和数据，在此对他们表示衷心的感谢！由于受到水平和时间的限制，书中难免存在一些疏漏和不当之处，恳请广大读者予以批评指正，不胜感激！

作　者
2015 年 10 月

目 录

第一章　我国青少年篮球人才培养的概况与对策……… 1
　第一节　我国青少年篮球人才培养的现状与趋势……… 1
　第二节　我国青少年篮球人才培养的对策……………… 5

第二章　青少年篮球人才培训的理念与模式…………… 13
　第一节　青少年篮球人才培养的理念与模式…………… 13
　第二节　青少年篮球人才训练的理论与理念…………… 24

第三章　青少年篮球人才培养之基础理论体系的构建…… 35
　第一节　篮球基本知识体系……………………………… 35
　第二节　运动训练理论体系……………………………… 54
　第三节　运动营养与保健体系…………………………… 65

第四章　青少年篮球人才培养之实操体系的构建……… 82
　第一节　青少年篮球人才的科学选材…………………… 82
　第二节　青少年篮球队伍的建设………………………… 97
　第三节　青少年篮球基地的建设………………………… 99

第五章　青少年篮球人才体能与心理能力的培训……… 107
　第一节　体能与心理训练概述…………………………… 107
　第二节　青少年篮球人才体能素质的提高与训练……… 115
　第三节　青少年篮球人才心理能力的提高与训练……… 130

第六章　青少年篮球人才技术能力的培训……………… 138
　第一节　篮球技术基本知识的掌握……………………… 138
　第二节　青少年篮球基本技术教学……………………… 143
　第三节　青少年篮球基本技术训练与提高……………… 163

第七章 青少年篮球人才战术能力的培训 …………… 172
    第一节 篮球战术基本知识的掌握 …………………… 172
    第二节 青少年篮球基本战术教学 …………………… 180
    第三节 青少年篮球基本战术训练与提高 …………… 190

第八章 促进青少年篮球人才综合素质提高的游戏训练 … 210
    第一节 篮球基本活动类游戏训练 …………………… 210
    第二节 篮球单项技术类游戏训练 …………………… 217
    第三节 篮球综合素质类游戏训练 …………………… 236

参考文献 ……………………………………………………… 246

第一章 我国青少年篮球人才培养的概况与对策

青少年的健康发展对于一个民族和国家的未来至关重要，在篮球人才的培养中也不例外。可以说，青少年篮球人才在我国篮球运动的发展中发挥着根基作用。因此，我们必须重视对青少年篮球人才的培养，要从科学发展观出发，以一种全局的眼光、发展的视角去认真审视和高度重视我国青少年篮球人才的培养。本章即对我国青少年篮球人才培养的概况和对策进行分析。

第一节 我国青少年篮球人才培养的现状与趋势

我国篮球运动的发展离不开青少年篮球人才培养的推动。虽然我国篮球运动在我国综合国力提升以及国家对体育事业的重视这一大的前提条件下，取得了一定的发展。但随着社会改革的不断发展、篮球运动市场的逐步深化，我国在青少年篮球人才培养观念和体制上仍然存在一些不足。本节即对我国青少年篮球人才培养的现状与趋势进行分析。

一、我国青少年篮球人才培养的现状

（一）我国青少年篮球人才培养地区发展的现状

由于各地区的经济发展水平不同，我国青少年篮球人才培

养出现了不同地区发展不平衡的情况，对篮球运动的发展产生了重要影响。目前，部分地区为了取得好的比赛成绩，将大部分资金都投入到了一线成人队，而忽略了对青少年篮球人才的培养，这也就出现了在全国性的篮球比赛中，很长时间内成人队的参赛数量远远高于青少年队。也就是说，我国各地区青少年篮球人才培养不均衡和不完整的梯队建设的主要原因，在于部分地区对青少年篮球队的重视程度不够以及资金投入太少。因此，应该通过有效的途径对社会资源进行开发和合理利用，使青少年篮球人才培养的工作得以顺利开展，从而缩短各地区的差距。

（二）我国青少年篮球人才培养经费投入的现状

经济基础是篮球运动赖以生存和发展的重要保障之一。目前，我国大部分学校篮球运动发展存在的重要问题就是经费不足。在我国，学校和上级行政部门的拨款是学校篮球运动资金的主要来源，由于资金的来源比较单一，导致青少年篮球人才的培养得不到足够的经济保障。此外，经费不足还导致篮球训练的后勤保障水平无法及时跟上，这也在一定程度上制约着青少年篮球人才的培养。

（三）我国青少年篮球人才培养管理体制的现状

对我国青少年篮球人才培养管理体制的现状可以从以下几个方面进行分析。

1. 青少年篮球人才的外部管理方面

我国大部分学校的体育相关管理和指导工作，都是由各市教委体委、体育协会等有关组织负责，学校课余体育训练也是由这些组织来进行监管。

2. 青少年篮球人才的内部管理方面

通常情况下，学校体育工作的具体实施都是在校长的分管下，由体育教研组长负责。而学校、教练员、篮球运动员作为不同的行为主体，由于其追求的利益目标不相同，也就直接影响了青少年篮球人才培养的共同目标的实现。

3. 青少年篮球人才发展管理方面

首先，目前许多学生参加篮球训练是为了在升学和未来发展上能享有一定的照顾。

其次，大多数学校还不能将青少年篮球人才的培养与学生的升学以及未来发展等环节进行较好的衔接。

最后，在训练中，部分教练员忽视了学生的成长发展规律，对青少年篮球人才的输送意识不强。

4. 篮球运动队的内部管理方面

篮球运动队的内部管理涉及的部门较多，容易出现部门工作协调较难、部分领导或教练员对青少年篮球人才培养的目的和意义认识不清等问题。这些都会阻碍我国青少年篮球人才培养的健康发展。

（四）我国青少年篮球人才培养教练员的现状

教练员作为篮球训练工作的决策者和实施者，在篮球训练的过程中，发挥着主导作用。教练员队伍的整体结构以及他们的专项综合能力，对于青少年篮球人才的培养有着重要的影响作用。具体来说，对我国青少年篮球人才培养教练员的现状可以从以下几个方面进行分析。

1. 教练员的教龄

通常情况下，教练员的最佳执教年龄是 40～50 岁，这一年龄段的教练员具有丰富的经验和稳定的情绪。然而，在我国这一年龄段的教练员占的比例很少，甚至出现断层现象。30～40 岁这一年龄段的教练员思维敏捷，精力充沛，培养出的运动员水平也相对较高，但这一年龄段的教练员所占比例也不多，在我国，29 岁以下教练员数量相对较多，但是这一年龄段的教练员执教经验不多、工作状态不稳定，对青少年篮球人才的培养将会产生直接的影响。

2. 教练员的学历

一般情况下，教龄较长的教练员虽然执教经验丰富，但学历偏低，大多都是专科学历，因此，这类教练员应该积极进修；而教龄较短的年轻教练员虽然执教经验不足，但学历较高，这类教练员需要积极提高自身的专业水平以及执教能力。

3. 教练员的技术职称结构状况

教练员技术职称是教练员综合素质的体现。根据调查发现，国家级和高级技术职称的教练员在我国教练员中所占的比例很小，而中级和初级技术职称的教练员所占比例相对较大，这就意味着我国教练员的执教水平和科研水平都有待提高，需要加大力度培养教练员的专业素质。

（五）我国青少年篮球人才培养评价机制的现状

对于青少年篮球人才的培养，其评价机制的建设也具有重要的意义。然而，目前我国大部分地区在青少年篮球人才培养过程中都没有建立完善的评价体系。

（1）在选拔篮球运动人才方面，并没有形成科学合理的选材指标，往往是凭借个人的经验。

（2）在对运动员的训练和管理方面，评价指标并不健全，往往只是采用一些简单的成绩指标。

（3）在运动竞赛成绩方面，往往只看重比赛结果，却没有建立完善的评价机制。

二、我国青少年篮球人才培养的趋势

（一）我国青少年篮球人才培养呈多元化形式

目前，我国对青少年篮球人才的培养越来越重视。在相关政策的引导和支持下，社会上逐渐兴起了不同类型的篮球培训模式，如篮球学校、篮球俱乐部、篮球培训班等，这就使我国青少年篮球人才的培养呈现出多元发展的趋势。这一方面顺应了市场的需要以及篮球运动发展的需要；另一方面，对篮球产业化的发展也有着极大的促进作用，同时也为篮球后备人才的培养提供了新的途径。

（二）我国青少年篮球人才培养走学院化发展之路

为了适应市场经济以及时代的发展要求，培养具有体育特长和全面发展的优秀篮球人才，体育系统与教育系统联合采取了"体教结合"的模式。这种模式是以教育为依托，形成从小学到中学再到大学，不间断的科学训练的篮球竞技人才培养模式。

目前，我国学校体育有了很大的改善，主要表现在体育教学观念的改变、体育设施的更新、体育活动的组织和开展三个方面。这在一定程度上促进了学校体育篮球训练的积极开展。以学校为单位的篮球队活跃在省级甚至全国性的青少年篮球赛事上，其良好的竞技水平和身心素质也得到了很好的体现。

我们在借鉴世界篮球强国的篮球人才培养经验的同时，应结合我国实际情况，将学校体育作为培养青少年篮球人才的主要基地。为此，各级政府相关部门应该加大对基层体育相关院校的资金投入，改善其篮球训练的环境。同时，还要制定相应的法规对社会办学进行有效的规范管理。在发挥"举国体制"优势的同时，加强体育相关院校与普通学校的交流与合作，进行优势互补，从而形成体育与教育的良性结合。

第二节　我国青少年篮球人才培养的对策

目前，在我国青少年篮球人才培养的过程中，仍然存在许多问题。为了使青少年篮球人才培养得以顺利进行，就必须提出相应的解决对策。本节即对我国青少年篮球人才培养的对策进行分析。

一、充分发挥政府的主导作用

当前，我国处于社会转型时期，政策不够完善、环境不稳定、管理不到位，再加上我国体育管理模式改革利益主体的多元性，不同利益主体的目标缺乏一致性，在不成熟的市场条件下要达到资源的合理调配，就离不开政府的调控手段。因此，青少年篮球人才的培养需要政府在各方面充分发挥其主导作用，包括政策、发展战略、财政、监督等方面。政府在发挥其主导作用时，还应该明确以下两个方面的内容。

第一，政府发挥主导作用，但并不意味着一切由政府包办，应同社会各方面协同合作。

第二，为了保证青少年篮球人才的培养能取得好的成绩，必须对竞技体育资源这一稀缺资源进行有效的配置。

二、建立新的篮球人才培养体系

构建新的篮球人才培养体系是对原计划经济体制下培养体系的扬弃。新体系主要包括培养途径、培养形式、训练原则以及人才选拔等多个方面，是各方面相互联系的统一整体。

（一）以从学校到职业队为主渠道的多渠道、多元参与的培养途径

我国原有体制中的篮球人才培养途径主要有两条："一条是少年篮球（体校篮球班）—青年篮球队—成年篮球队；另一条是小学—体育专业学校—体育高等学校。"[①] 这种育才体制曾经为我国篮球运动培养了一批优秀的篮球运动员。但这种体制

---

① 叶巍.新视角下篮球运动之人才研究.长春：吉林大学出版社，2013

也有其局限性，比如培养渠道单一、政府投入有限、运动员文化素质偏低以及运动员职业再选择的机会少等。随着我国市场经济的确立以及篮球运动市场的逐渐兴起，原来的篮球人才培养体系已经不能适应市场的发展，为此，构建新的篮球人才培养途径成为必然要求。

我们应该在我国基本国情的基础上，借鉴国际培养运动员人才的经验，构建新的培养途径。

1. 以学校系统为主渠道

将原体制中的篮校、体校—运动队培养渠道，转变为以学校—职业队为主渠道。这样可以在青少年篮球运动员培养过程中充分利用学校的教育资源，以全面提高青少年篮球运动员的综合素质，有利于他们将来拥有更多的发展机会。

2. 多渠道发展途径

青少年篮球运动员"可以经小学—中学—大学，通过 CUBA 或军、地篮球队向职业运动员方向发展；又可以经小学—体校、篮校大学篮球队向职业运动员方向发展；各类篮校（体校）中优秀者还可以直接或通过青年队走向职业队"[①]。这就使青少年篮球运动员可以有多渠道的发展途径。

3. 多元参与

在青少年篮球人才培养过程中，将原本由政府独家操持，变为由政府、企业、社会团体、个人多种实体共同参与，充分调动社会各界的积极性，利用全社会的资源，如资金、场馆、设施等。

（二）科学、全面地执行"三从一大"的训练原则

我国在培养竞技运动员上积累了许多成功的训练经验，并创造性地总结出"三从一大"（"从严、从难、从实战出发、

---

① 叶巍.新视角下篮球运动之人才研究.长春：吉林大学出版社，2013

大运动量训练")的训练原则。需要注意的是，在相当长的一段时间内，我们习惯于依靠传统技术和训练经验来进行训练，而没有及时地将世界上先进的科技成果运用到训练中来，这就使我国竞技体育训练手段相对落后，训练质量与国际体育强国相比仍有一定差距。

事实上，现代竞技体育已经不仅仅是过去凭借运动员的天赋加刻苦训练的模式，而是以科学训练为主的全面较量。对于现代篮球运动来说，科学训练并不是要完全抛弃过去积累的经验，而是要将新的理论、方法同经验结合起来，使训练更加科学化。

因此，在我国青少年篮球人才培养中，应注重训练的科学性、系统性和全面性，要将现代科学知识和技术运用于实际训练中，及时了解最新的训练方法，设计出科学、规范、全面的训练模式，以培养出高质量的篮球人才。

（三）以赛促练、赛练结合的多样化培养形式

1. 以赛促练，赛练结合

实战锻炼是青少年篮球人才培养的重要环节。训练只有与实战结合起来，才能激发和培养青少年篮球运动员的竞争意识。以赛促练、赛练结合也是国际先进的篮球训练经验。例如，美国NBA一个常规赛季，每个队需要打82场比赛，这不仅是商业需要，而且为篮球运动员的发展、新手的成长提供了极好的机会。

借鉴国际先进经验，结合我国国情，新体系要求赛制改革，"采取赛会制、主客场赛制（主客场循环赛、主客场淘汰赛）、主场赛会制（分站主场巡回赛）、混合型赛制等多种赛制；开辟CBA男篮甲A、甲B和乙级联赛、女篮甲乙级联赛、CUBA联赛；举办全国青年篮球联赛，篮球俱乐部杯赛、联赛，全国篮球锦标赛（成年、青年）；加之篮协举办的其他比赛（如热身赛、

集训赛等）；逐步开办中学生篮球联赛，'三人篮球'赛等"①。此外，还要鼓励社会团体和企业承办各种比赛。总之，就是要尽可能地为青少年篮球运动员提供各种赛练结合的机会。

2. 创造学习和深造的机会

在中小学的基础教育中，青少年篮球运动员不仅可以系统地接受普及教育，还可以在业余篮校、体校进行篮球技战术的训练。在基础教育之后，青少年篮球运动员可以有多条发展方向进行选择，或者边打球，边上大学；或者先上大学，后打球；或者先打球，后上大学等。这样就使青少年篮球运动员有了更多的学习机会，从而提高自身的综合素质。

3. 培养形式的多样化

（1）根据实际需要，为青少年篮球运动员制订和实施不同的训练计划。例如，体能训练、针对性训练、赛季前训练等，计划方案可以设计多种形式，安排多种内容。

（2）将不同级别的比赛与不同层次的训练结合起来。除了在国际、国内一些大赛已经分出的成年和青年不同层次的比赛和训练之外，中小学还可以通过县级、省市级、全国级的比赛，把学、赛、练结合起来。

（四）开放而规范的人才选拔

青少年篮球运动员的选材主体主要有两类：一类是学校的体育部门或体育教师，另一类是职业俱乐部运动队。选材的对象，对于青少年篮球运动员来说，几乎是面向全民的。由于选材面相当广，因此会有大批的青少年篮球"新苗"涌现，对此，应采取不同形式的综合选材。

（1）在中小学选拔青少年篮球"新苗"时，应综合考虑其身体条件、遗传素质、体育运动表现、思想品德等因素，由学校体育部门或体育教师进行选拔。

---

① 叶巍. 新视角下篮球运动之人才研究. 长春：吉林大学出版社，2013

(2) 在选拔中层篮球人才时，应依据其初级赛场运动素质的表现、思想品德、心理素质等因素，由 CUBA 俱乐部或青年联赛队、赛会集训队等选拔。

(3) 如果是职业球队选材，要依据篮球运动员在训练过程中的全面表现、赛场技术统计数据、教练专家组评议等因素综合选拔。

三、积极引进先进管理经验

学习和借鉴国外先进管理经验，在一定程度上可以促进我国青少年篮球人才管理机制的建设和完善。以美国为例，其体育管理采用的是一种典型的社会主导性管理体制。美国高校竞技体育的管理机构是美国大学生体育联合会，其组织机构相对完善，管理理念十分科学。具体来说，从美国这种先进的管理理念中，我们可以得到以下几个方面的启示。

(1) 改变管理理念，转变管理模式，由政府主导管理转向社会主导管理；转变管理方式，采用大学生体育协会的管理。

(2) 对于青少年篮球人才的训练管理和教育管理之间的矛盾，一定要得到妥善的处理。可采取多种方式提高青少年篮球人才训练管理和教育管理水平，如重视和加强青少年篮球运动员和普通大学生之间的交流合作以及统一管理等。

(3) 在完善大学生体育协会的组织机构和职能的同时，重视和加强青少年篮球人才训练的管理，其管理制度的建立要有利于运动员的训练和培养，可采取教练员轮流管理的方式。

(4) 重视青少年篮球运动员的招生工作。为了使招生工作的开展达到科学化、程序化和规范化的目的，要在加强监管力度的同时，建立和完善招生管理的专门机构。

(5) 体育行政部门要充分发挥其政策引导和组织协调的作用，积极转变职能，建立灵活的调控机制。对于青少年篮球人才培养的单位，要在加强管理的同时，积极完善各项规章制度。

在政策上，相关管理部门可对篮球训练取得突出成绩的学校进行适当的奖励。

四、强化基本技术

目前，我国教练员在对青少年篮球运动员进行训练的过程中，存在着忽视基本技术训练、对运动员技术动作规范性要求不够严格等问题，致使运动员掌握的基本技术不够全面、准确。因此，在青少年篮球运动员的基本技术训练中要注意以下几点。

（一）提高对青少年篮球运动员苦练技术基本功重要性的认识

有的青少年篮球运动员虽然自身条件不错，但往往存在着训练水平不高，基本技术不全面、不扎实、动作不规范等问题，对此，教练员要特别重视青少年篮球运动员基本技术动作的训练，加深青少年篮球运动员对于基本功重要性的认识。

教练员应该认真观察青少年篮球运动员的训练过程，对于其在技术动作方面的问题，要及时发现并纠正，不要等到运动员形成错误动作之后再去纠正。同时，在训练中教练员还要使青少年篮球运动员明确每个动作的运用方法，做到学用结合。

（二）避免运动员场上位置职责过早专门化

运动员场上位置职责专门化的目的是为了使每个运动员的身体条件、特长得到充分的发挥，以更好地完成各种任务。但如果只为了追求短期效应和眼前利益，仅仅凭借主观印象，将青少年篮球运动员在运动场上的位置职责过早专门化，这就可能会阻碍一个运动员的发展。

五、加强教练员队伍的建设

教练员在青少年篮球人才培养中是不可忽视的一个环节，

加强教练员队伍的建设，不断地改善和提高教练员的专业水平和训练水平，对于青少年篮球人才培养具有重要的意义。具体来说，对教练员队伍建设的加强应注意以下几个方面。

（1）教育行政主管部门要重视教练员的实际需要，同时要为教练员的培训创造有利条件。

（2）建立严格的上岗制度，重视教练员培训这一环节，并将其归为教练员上岗资格的考核指标。

（3）对于优秀的教练员，要有选择性的进行重点培养，不仅要提高其理论水平，还要让其掌握科学的训练方法。

（4）对于高水平、高素质的教练员，要积极培养和引进，以达到提高训练质量和技术创新的目标。

（5）要积极调动教练员的积极性和主动性，可以适当对教练员待遇进行改善和提高。

六、加强评价体系的构建

在青少年篮球人才的培养过程中，选拔和管理人才、训练的效果以及竞赛成绩等都是其中的环节。这些都需要完善的评价体系与之相配套，使青少年篮球人才的培养更加科学化。具体来说，在构建青少年篮球人才培养的评价体系中，需要注意以下几个方面。

（1）通过相关课题指南增设评价体系的研究项目，包括国家体育总局项目、国家社科基金项目、地区社科基金项目等。

（2）对于地区青少年篮球人才培养评价体系建设的研究，可通过校级课题立项形式来加强和完善。

第二章 青少年篮球人才培训的理念与模式

当前，篮球后备人才的培养和训练已成为现代篮球运动发展的战略问题，青少年篮球人才的培训更是关系到一个国家篮球力量资源的储备以及现代篮球运动的可持续发展。只有注重青少年篮球人才的培训和梯队建设，注重青少年篮球人才培养体制改革，才能更好、更快地提高篮球技战术水平，促进现代篮球运动的进一步发展。鉴于此，本章将对青少年篮球人才培养的理念与模式、青少年篮球人才训练的理论与理念进行阐述与分析，以为我国青少年篮球人才的培养提供客观、科学的依据。

第一节 青少年篮球人才培养的理念与模式

一、青少年篮球人才培养的理念

青少年篮球人才培养是一项有计划、有目的的活动过程，离不开科学理念的支撑。而青少年篮球人才培养科学理念的形成，最重要的是培养青少年对于篮球意识的正确认识。这是因为运动员在球场上的一切正确的行动，都是运动员自身正确意识指导下的客观反映，有了篮球意识，篮球运动员就能在不同的场合中发挥技术特点，集中力量突出阻碍。本节将对篮球意识的含义、篮球意识的结构要素、篮球意识的培养方法进行分析，以促进青少年篮球人才的培养。

（一）篮球意识的含义

意识是人脑对客观现实自觉能动的反映，是人类独有的最完善的反映形式，是心理发展的高级阶段。篮球意识是对篮球运动理论、规律、技术、战术、发展趋势的认识等，实际上，篮球意识的发展是对篮球认识的扩大和深入。目前，关于"篮球意识"的定义，尚未形成统一定论，主要有以下几种常见的观点。

篮球大辞典上对篮球意识的解释是："篮球意识是指篮球运动员在从事篮球实践活动中，经过大脑积极思维、提炼积累的，一种正确反映篮球运动规律性的，特殊心理素质和心理机能的反射能力。"[1]

肖元认为："篮球意识，可以理解为篮球运动员从事篮球实践活动中，经过大脑积极思维过程而产生的一种正确反映篮球运动规律性特殊机能和能力。"[2]

孙玉宾认为："篮球意识指的是在比赛中，运动员通过表象、知觉、感觉等进行推理和判断的过程，主要包括投篮意识、助攻意识、传球意识、跑位意识、战术意识等，涉及的范围广，对青少年的要求比较高。"[3]

王守恒在1999年提出篮球意识的本质属性是："运动员对篮球实践客观存在的主观反映；运动员所特有的心理反应的高级形式；存储在运动员的记忆系统中，并能自动地、反射地完成；在完成动作过程中具有瞬时性、合理性和准确性特征；对运动员的客观实践具有能动的反作用。"[4]

综上所述，篮球意识是运动员对篮球实践客观存在的主观反映，是心理活动与生理活动共同作用下表现出来的一种潜在意识，是运动员在篮球比赛中，根据场上的客观具体情况，通

---

[1] 叶巍.新视角下篮球运动之人才研究.长春：吉林大学出版社，2013
[2] 肖元.浅谈篮球意识的作用及意识培养.中国校外教育，2009（S3）
[3] 孙玉宾.关于培养青少年篮球运动员篮球意识的策略探讨.当代体育科技，2015（5）
[4] 叶巍.新视角下篮球运动之人才研究.长春：吉林大学出版社，2013

过感觉、观察、思维、判断、综合支配自己采取实效合理行动的过程的总和。因此，篮球意识也被称为篮球运动的灵魂。

从篮球意识的定义上可以看出，篮球意识是篮球运动员全面素质的体现，是对各项技战术的综合应用，通过对运动员篮球意识的培养，能有效地提高运动员的实战能力，充分发挥全队的优势。

（二）篮球意识的结构要素

归纳而言，篮球意识主要由知识体系、实践经验、心智活动能力三方面构成。

1. 知识体系

知识体系是篮球运动员进行意识活动的物质基础，包括篮球运动的专项基础理论知识和应用理论、篮球规则、基本的技术和战术方法原理、技术和战术运用的规律、裁判知识、发展前沿和趋势等。

2. 实践经验

实践经验是篮球运动员对攻守信息进行思维判断的基础，是在长期篮球运动实践过程中积累的，包括对比赛中技术、战术运用和应变的规律的实战体验与经历。

3. 心智活动能力

心智活动能力是篮球运动员进行意识活动的大脑的机能能力，包括以下几个方面。

（1）瞬时观察能力

观察是篮球运动员意识活动的前提。观察所获得的信息决定了运动员的任何一种反应以及随之所采取的一切行动。改善篮球运动员的观察能力，最重要的是训练运动员的视野范围。首先，应注意对运动员进行观察习惯的训练，使之形成宽阔的观察能力；其次，应培养运动员视觉的选择能力，使之在全面观察的基础上，把视线集中在重点的位置、区域和人身上，把场上其他攻守队员的行动收入自己视野范围内，从中进行选择与分辨，然后决定如何行动，这样才能在瞬时做出正确的行动。

（2）分析判断能力

良好的判断能力应表现为决策及时、正确，并有一定的预见性。篮球运动是非常激烈的，即使运动员正确观察到了场上情况，如果不能做出正确判断，也会事与愿违。在培养篮球意识的过程中，极为重要的是提高运动员对场上情况的分析判断能力。运动员首先要理解技战术的特点及运用变化规律，并结合场上的具体情况进行预测和判断，以期准确地估计出双方行动的意图，提高分析判断能力。

此外，还包括反应应变能力、战术思维能力。

（三）篮球意识的培养方法

青少年篮球意识的培养是一个复杂、系统的过程，只有有阶段、有步骤、系统地进行，采用综合的训练方法和手段，将理论与实践结合起来，才能不断地提高青少年的篮球意识。具体而言，培养青少年篮球意识的方法主要有以下几种。

1. 发挥教师或教练员的主导作用

教师或教练员在培养青少年篮球意识的过程中起着主导和关键作用，对青少年篮球意识的形成有潜移默化的熏陶作用。因此，教师或教练员要不断提高自身的专业素质，加强自身的专业水平，只有这样才能胜任自己的工作，培养出优秀的青少年篮球人才。

2. 在技术训练中渗透青少年篮球意识训练

在技术训练中渗透篮球意识训练，这是培养青少年篮球意识的基础。教练员应该对青少年不间断地采取各种手段来培养其篮球意识，提高其技术应用意识、训练与实际运用相结合的能力。同时，在技术训练阶段，也应着重培养青少年的观察能力和分析判断能力。

在进攻技术的训练中，传球是篮球运动中的纽带。在传球训练中，要让青少年掌握各种传球的要领及运用时机，加强其传球速度和准确性的训练。此外，还要使青少年掌握多种投篮技术，善于捕捉战机，并把投篮技术的训练与运球、传球、突破等技术结合起来进行，巩固和提高投篮命中率，强化青少年的投篮意识，这是战胜对手的重要法宝。

防守意识的形成是一个漫长的过程，防守技术的训练要贯穿于整个篮球训练过程中。

3. 加强青少年思想意志品质的教育和培养

（1）培养青少年坚定、果断的品质，提高自控能力

青少年在篮球比赛中必须树立必胜的信念，意志要坚定，行动要果断，做到胜不骄、败不馁，富于自控力，沉着、冷静，能够化被动为主动，化压力为动力，控制比赛的局势，争取比赛的胜利。

（2）培养主动性和独立作战的能力

篮球比赛需要积极主动的出击。青少年在与同伴的协同配合中，如果需要单兵作战时，要坚决果断地进行独立作战。

（3）培养勇敢、顽强的拼搏精神

青少年在篮球比赛中，应该努力做到每球必争。篮下连续进攻，面对强手，青少年要敢于并擅于进攻，这样不仅能鼓舞同伴的斗志，还能挫败对方的锐气。

4. 通过心理训练培养青少年篮球意识

采用适宜的运动心理学训练是逐步培养和提高青少年篮球意识的辅助手段。以下是两种培养青少年篮球意识常用的心理训练方法。

（1）冥想训练

冥想训练是指"在训练开始或训练结束后，让运动员排除杂念，集中注意力对比赛中的境况或技术细节进行自我分析和总结，从而提高运动员对技战术的理解程度，提高战术意识。"[①]

---

① 叶巍.新视角下篮球运动之人才研究.长春：吉林大学出版社，2013

这种训练方法能够最大限度地调动运动员的主观能动性。我国在培养青少年篮球人才时，可以采用这种方法，以调动青少年的积极性，提高青少年对于技战术的理解，有效应对篮球比赛中的各种情况。

（2）比赛期间的心理训练

比赛期间的心理训练是指通过赛间、赛中、赛后的心理训练，使运动员处于最佳状态，正确、及时地运用篮球意识，甚至超水平的发挥，这是培养和强化篮球意识的重要手段。比赛期间心理训练的主要方法有以下两种。

①放松训练法

这种训练方法是在比赛前结合暗示进行放松训练，包括自我暗示放松训练和他人暗示放松训练两种。它能够有效消除疲劳，帮助青少年克服紧张、焦虑情绪。

②模拟训练法

这种训练方法是模拟实战情景对青少年进行训练。在模拟训练时，要最大限度地在生理、心理和环境的方面做到与实战相近，使模拟训练逼真有效。

二、青少年篮球人才培养的模式

模式，一般是指"某种事物的标准形式或使人们可以照着做的标准样式。"[①] 模式能够很好地体现事物在一定时期或一定程度上的先进性、规范性、合理性和有效性。社会主义市场经济体制的逐步完善，要求青少年篮球人才培养模式的建立要与市场经济体制相适应。也就是说，要在解读我国青少年篮球人才培养模式历史生成的基础上，借鉴国外的成功经验，对我国青少年篮球人才培养模式进行重塑。

---

① 中国社会科学院语言研究所.现代汉语词典.北京：商务印书馆，1981

第二章　青少年篮球人才培训的理念与模式

（一）计划经济时期青少年篮球人才培养模式

1. 计划经济时期的青少年篮球人才培养模式的形成

计划经济时期的体育系统是青少年篮球人才培养的主要途径，青少年篮球人才培养的主要模式则是专业运动队。这一模式的形成是由当时的经济体制、政治体制、社会形态及因此决定的体育体制共同作用、影响，最终决定的。

2. 计划经济时期的青少年篮球人才培养模式的特点

计划经济时期的青少年篮球人才培养模式的特点主要体现在以下三个方面。

第一，以提高竞技水平，培养、输送优秀后备人才为主要目标。

第二，以运动训练为主。

第三，国家负责运动员的生活、训练、竞赛、就业安置及经费支持等。

这一模式在计划经济时期体现出了国家办竞技体育的优越性，其时代性和目的性也在其所取得的成绩得以充分体现。但是，从青少年长远发展、社会资源合理配置以及社会发展公正的角度看，该模式具有其不足之处，而且其不足之处在转型期暴露得越来越多。因此，现代篮球随着时代发展需要产生更多、更新的培养模式。

（二）转型期青少年篮球人才培养模式

社会变动加快，各个系统、各个层面的事物之间的交互作用加强是转型期的一个显著特点。在举国体制下，青少年篮球人才培养使我国的竞技体育在国力尚不强大的情况下，能够迅速地崛起，但这是在一个闭锁系统内进行的，只是在体育系统内以行政手段和计划手段进行结构调整和资源配置，很少与外界交流。随着全球化视野中大体育观的发展趋势，以及我国以市场经济为原生点的各个领域的改革，"举国体制"管理模式及运行机制越来越难以适应当前中国社会经济的发展和竞技体育自身孕育的改革需求，体育系统必须打开闭锁之门，加强与外界进行交流与合作。

为了弥补和完善专业运动队培养模式的不足，在转型期，体育、教育系统和社会各系统间就培养青少年篮球人才进行了多方位的交互作用，并产生了多种性质的青少年篮球人才培养模式。

1. 社会化培养模式

（1）社会化培养模式的特点

社会化培养模式的特点主要体现在以下几个方面：

①社会化培养模式的运营采用市场化手段。

②社会化培养模式下的人力资源、培养经费主要来源于社会。

③社会化培养模式内部的行政、人事，相对独立于体育部门与教育部门管理之外。

（2）社会化培养模式的组织形式

目前，社会化培养模式所呈现的组织形式主要包括以下几种：

①中国篮球城市的篮球学校。例如，东莞、济源篮球学校。

②中国篮协篮球分校。例如，阜新、沈阳篮球学校等，其主要经费来源是收取学生学费。

③个人、明星办篮球学校、俱乐部。例如，孙军篮球学校，其特点主要表现在向社会聘请教练员，收费训练、学习两个方面。

社会化培养模式采用市场化运作，顺应了社会主义市场经济体制的改革，是青少年篮球人才培养体系中效果较好的辅助模式。

2. 体教结合模式

体育与教育在竞技体育的发展过程中逐渐分离，导致体育系统内出现各种问题，包括运动员文化水平低，无法适应时代的变化和发展等。因此，体教结合的模式应运而生。

第二章　青少年篮球人才培训的理念与模式

（1）体教结合的形式

迄今为止，体教结合的主要形式有以下几种：一是省市体校与重点中学联合建队；二是中小学体育传统项目学校；三是篮球项目试点学校；四是体育后备人才培养基地；五是体育大学（学院）附属竞技体校。

各种体教结合形式大多都是在国家政策的导向下，根据实际情况进行的体育与教育合作，其培养优势在多年的运行中得到了充分体现。

（2）体教结合的问题

体教结合有其培养的优势，但同时也存在一些问题，主要体现在以下几个方面。

①体育与教育部门职能协调

在我国行政管理体制的条块设置中，体育与教育有着各自不同的权力边界，因此，在某些方面存在矛盾，包括责、权、利的分担及资源配置方面。

②人才流动

人才流动主要出现以下两点问题：一是纵向与横向流动障碍太多；二是对运动员的产权归属存在争议。

③竞赛

从整体数量来看，比赛偏少，教育部门的竞赛没有全面融进国家竞赛体系。

④教练员水平

从整体上而言，体教结合单位的教练员水平与专业运动队的教练员相比，存在着一定的差距。

⑤经费保障

因为我国整体教育经费较为紧张，所以，虽然得到了教育部门的支持，但是用于青少年篮球人才培养的经费仍显不够。

3. 职业化模式

（1）职业化模式的形成

随着篮球职业化改革的深入，为保障职业联赛稳定、持续发展，夯实联赛基础，使职业篮球成为托起国家队并承接、引领群众篮球的厚实中间层，篮管中心明确要求各俱乐部必须配备青年队，由此促成了一种新的青少年篮球人才培养模式——职业化模式的生成[①]。

（2）职业化模式的问题

职业化模式的问题主要体现在以下几个方面。

第一，由于职业化模式是在体育系统的专业运动队模式中得以形成的，因此，其在一定程度上只是形式的置换，而非内容的置换，依然存在着只重视训练、忽视文化教育的问题。

第二，部分俱乐部较为注重短期效益，将资金重点投入在一线队伍，忽略梯队建设，并且没有对青少年篮球人才的培养进行长远发展的规划。

第三，部分俱乐部的二、三线队是与体育局合作联办的，因此，其具有联办形式的多头管理和多样化的特征，在许多方面将会导致不协调现象的发生，包括训练、学习安排、竞赛、人才流动等方面。

（三）以体教结合为主模的青少年篮球人才培养模式

目前，多样化发展是我国青少年篮球人才培养模式的态势。然而，我国现行的各种培养模式还处于松散结合型。因此，为了更好地建立适应社会主义市场经济体制的青少年篮球人才培养运行机制，就要在社会转型的进程中，大力发掘多种培养模式，同时还要使多种培养模式协同发展。

计划经济时期，我国青少年篮球人才培养体系的唯一模式，是体育系统的专业队培养模式；而到了转型期，随着社会不断发展变化，为了使青少年篮球人才全面发展，促进我国现代篮球水平的提高，就需要改变青少年篮球人才的培养模式，确立以体教结合为主模、多种培养形式协同的目标培养模式。这一模式的形成是由以下两方面决定的。

---

① 侯德红,唐建倦.中国竞技篮球后备人才培养模式研究.首都体育学院学报,2009(03)

第二章 青少年篮球人才培训的理念与模式

1. 外部选择

（1）人文奥运理念为这种培养模式的形成奠定了思想基础

顾拜旦创立奥林匹克运动的宗旨和应达目标，是以一种新的方式去教育青年，促进青年身心的和谐发展。现代奥林匹克实践的过程中出现了一些竞技异化现象，如商业化、政治化、非公平竞赛、兴奋剂等。针对这些问题，国际体育界部分人士认为奥林匹克运动应该回归本源，即教育与文化。人文奥运理念的提出，积极响应了这一呼唤。在竞技后备人才的培养过程中，遵循奥林匹克思想，强调教育和体育的结合，以达到全面发展竞技体育人才的目标，顺应了时代的发展要求，也为体教结合为主模的青少年篮球人才培养模式的形成，奠定了思想基础。

（2）自主性教育制度的建构为这种培养模式的形成创造了机遇

现代教育制度以建构一种自主性的教育制度为目的，处于不断的创新中。自主性教育制度的主体是能够直接凸显个人自由和权利平等，其核心内容是以确保个体对教育的选择权及其在教育过程当中的自主权。此前，我国的中小学教育是以应试教育为主，重视高升学率，因而忽视了学生的运动等其他兴趣的培养。在构建现代教育制度的进程中，我国全面推进素质教育，注重学生的全面发展，积极创造条件以满足学生多样性发展的需要。体教结合的实践体现了我国各级学校实施学生素质教育的全面发展，这也为体教结合为主模的青少年篮球人才培养模式的形成，创造了机遇。

（3）教育普及与体育发展为这种培养模式的形成奠定了物质基础

由于学校教育的普及和提高，青少年能够在学校学习篮球基础知识，这为以体教结合为主模的青少年篮球人才培养模式的形成，扩大人才选择的范围，提供了必要的物质保障。另外，体育的社会化和产业化发展，也在很大程度上积极地促进了竞技体育的发展。

2. 内部演化

（1）现代篮球可持续发展的时代要求

作为现代篮球可持续发展的重要人力资源，青少年篮球人才主要依靠体育系统进行培养。随着体育领域资源的稀缺，为了满足体育社会化的要求，只有依靠体育系统来培养青少年篮球人才缺少现实的可能性和必要性。另外，对于青少年篮球人才的培养，教育和体育具有内在的统一性，因此，体教结合为主模的青少年篮球人才培养模式成为我国培养青少年篮球人才的最佳选择。

（2）国家、集体利益与家庭、个人利益的协调统一

国家、集体与家庭、个人在共同利益基础上协调一致，能够在一定程度上促进集体目标和个人目标的实现。在培养青少年篮球人才的过程中，片面追求提高现代篮球能力，而忽略青少年教育，会较大地损害个人利益，同时还会挫伤个人从事篮球训练的创造性和积极性，甚至还会损坏家庭利益与国家利益。体育是教育的组成部分，学生需要强健的体魄。因此，有必要建立衔接大中小学之间科学合理的体育教育体系，选择体教结合为主模的青少年篮球人才培养模式。

第二节 青少年篮球人才训练的理论与理念

一、青少年篮球人才训练的理论

理论是青少年篮球训练的基础，它能够对青少年做出一个确切的指导。具体而言，青少年篮球人才训练的理论主要包括以下几方面。

第二章 青少年篮球人才培训的理念与模式

（一）青少年篮球人才训练的原则

一般而言，青少年篮球人才训练应遵循以下具体原则。

1. 超前性原则

青少年篮球人才训练的发展必须遵循超前性原则，这是青少年篮球人才训练的基础。超前性原则主要体现在超前的设计、思维、实践和运用等几个方面，其最主要目的就是先发制人。为了保证我国青少年能受到最好的篮球训练，我国篮球发展必须着眼于训练方法的发展和领先。

2. 可行性原则

青少年篮球人才训练的任何方法方案的最终目的都是运用到篮球实践中去，因此，青少年篮球人才训练必须遵循可行性原则，只有在符合篮球运动规则、比赛实践要求、青少年运动员自身条件的情况下，训练才可能具有实际的可行性。而要想增强青少年篮球人才训练的可行性，就应该认真分析和深刻了解自身的特点和实际能力，创新出符合自身条件的训练手段和方法。

3. 针对性原则

作为青少年篮球人才训练必须严格遵守的一个重要原则，针对性原则具体包括以下三个方面。

（1）针对运动员的特点

这主要是针对青少年运动员的身体素质、机能形态、智力水平、战术意识、技术特长等特点来进行篮球训练。

（2）针对篮球技战术发展趋势的特点

这主要是针对篮球规则和技战术发展的动态，来设计规划青少年篮球训练，在训练方法上有所突破。

（3）针对对手的特点

这主要是针对不同对手的风格打法、高超技术以及发展方向上的特点来进行篮球训练。

（二）青少年篮球人才训练的调控理论

1. 应激原理

（1）应激的概念

应激是人体对于外部强负荷刺激的一种生理和心理的综合反应。

（2）应激的作用

第一，应激可以避免过度训练，防止青少年发生机体衰竭过程。

第二，应激能提高青少年人体机能的适应能力。运动应激的核心是激素调节，这一调节是由激素调节引起酶活性改变和机能储备提高，进而提高机体的免疫力。

第三，应激能通过运动负荷改变酶的活性和细胞的通透性，从而调整青少年的恢复过程，以加强合成代谢，加速适应的过程。因此，青少年在篮球训练中，要掌握应激过程中肾上腺皮质系统的活动，充分提高垂体性腺系统在合成代谢中的机能。

2. 恢复原理

（1）恢复的表现

在青少年篮球人才训练中，机体恢复的异时性对运动训练的安排与调控具有极为重要的作用。具体而言，机体恢复主要表现在以下几个方面。

①不同训练水平的青少年运动员恢复的速度不同

青少年的训练水平越高，恢复速度越快。反之，恢复速度越慢。

②不同训练运动负荷后机体恢复的速度不同

通常情况下，青少年的训练负荷越大，恢复越慢，反之，恢复越快。

③不同能源物质的恢复速度不同

在篮球运动中，活动的供能是以 ATP-CP 和乳酸系统为主，这两种能源物质的恢复速度较快。

④不同器官的恢复速度不同

一般情况下,大脑和神经中枢是最先恢复的,心血管系统的恢复过程会长一些,而肌肉和心理需要最长时间的恢复。

(2) 恢复的类型

根据恢复过程的规律,在青少年篮球训练实践中有以下两种恢复类型。

①不完全恢复

不完全恢复是指青少年在训练后一段时间,其机体机能在运动负荷后已大部分恢复,但尚未达到原有水平。不完全恢复原理通常运用于以下训练过程中:意志力训练、专项耐力训练、力量耐力训练和速度耐力训练。

②完全恢复

完全恢复是指青少年在训练后一段时间,其机体机能在运动负荷后恢复到或超过原有水平。完全恢复通常运用于以下训练过程中:技术训练、最大力量训练、反应和速度训练、比赛训练、协调和注意力集中训练。

3. 超量恢复原理

(1) 超量恢复的概念

超量恢复是指机体在运动后的恢复过程中,被消耗的能源物质含量不仅能够恢复到原有水平,而且在一段时间内还会超过原有水平。超量恢复是青少年机体对运动负荷产生训练适应的第一阶段,它是对未来重复进行较大运动负荷时,再一次耗尽能源物质的一种预防性、保护性机制。

(2) 超量恢复的意义

超量恢复原理对青少年篮球人才训练调控有着十分重要的意义。

第一,超量恢复广泛应用于青少年篮球训练实践中,比如对于间歇训练中间歇休息时间的掌握,就是根据恢复原理和规律选择反应的时间,使间歇休息中物质得到一定程度的恢复。

第二,超量恢复理论为肌糖原填充法提供了理论依据,使青少年的竞技能力得到提高。

4. 运动负荷原理

（1）运动负荷的概念

运动负荷是指在青少年篮球人才训练中机体所承受的生理负荷，具体包括运动量和运动强度两个方面。在训练过程中，机体运动负荷训练表现为负荷水平的极限化、动态化，负荷量度的个体化，负荷内容的专门化、定向化。

（2）运动负荷调控的特征

在青少年篮球训练过程中，运动负荷调控具有以下几点特征。

①动态性

由于训练过程具有持续性，运动负荷也就是一个持续的过程。运动负荷的动态性表现主要有负荷的连续性、负荷的系统性、负荷的周期性、负荷的节奏性。

②个体性

由于每一个青少年的生理机能、素质都有着不同的特性，因此，他们就有着不同的承受负荷的能力，对于运动负荷的安排也应符合每个不同的青少年运动员的个体特点。

③目的性与选择性

任何负荷结构都有一定的目的性和功能特点，因此，在青少年篮球训练中应根据训练目的和训练任务，合理选择运动负荷。

④定量性与等级性

运动负荷不仅能够用大、中、小定性方式表示，而且能够以具体的定量方式表示。因此，要注意在青少年篮球人才训练中负荷量度的定量化，从而有效地提高负荷调控的精确性和科学性。

⑤综合性

同一个总负荷可以由不同的量和强度组合而成。

（三）青少年篮球人才训练的周期训练理论

篮球周期训练理论是青少年篮球训练安排和制订训练计划

的基础，是在人们对篮球运动训练规律深刻认识的基础上提出来的，其实质在于系统地重复各个完整的训练。篮球训练实践证明，以周期为基础来安排训练能够把训练任务、方法和手段系统化，并能保证其连贯性。周期性运动训练过程以循环往复、周而复始的方式进行，每一个循环往复都是在前一个循环的基础上，不断提高训练的要求，从而不断提高青少年篮球运动水平。

具体而言，篮球周期训练理论提出的依据主要包括以下几个方面。

1. 训练适应原理

（1）训练适应的概念

运动生理学研究表明，运动产生的有机体能与施加负荷的外环境不断取得平衡，而机体的这种取得平衡的过程就是训练适应。

（2）训练适应的特征

在青少年篮球人才训练过程中，青少年机体的训练适应主要表现出以下几个基本特征。

①普遍性

在青少年篮球人才训练中，青少年训练适应的普遍性是指机体在运动素质、形态机能、心理过程、技术、战术等方面都能发生训练适应现象。

②异时性

在青少年篮球人才训练中，机体对训练适应的异时性主要表现在通过系统性训练，青少年的机体会产生适应性变化。这些变化需要一定的时间来反应，从而使得机体各个方面的训练适应现象出现的时间也有所不同。通常情况下，机体在机能上的适应性变化在先，随后才是机体结构上的适应变化。

③连续性

在青少年篮球人才训练中，机体对训练适应的连续性主要表现在机体对某一运动负荷形成了训练适应之后，最终这种负荷就不能起到提高运动能力的作用。为了使机体各方面的训练适应进一步发展，就要不断适量增加运动负荷。负荷提高后，机体又能产生一个新的适应过程，从而提高竞技能力。

④特殊性

在青少年篮球人才训练中，机体对训练适应的特殊性主要表现在不同性质的运动负荷可以引起特殊的适应性变化。

2. 竞技状态发展原理

（1）竞技状态的概念

在篮球运动中，竞技状态是指青少年获取优异成绩、赢得比赛的最佳状态。

（2）竞技状态的形成与发展

在篮球运动中，青少年竞技状态的形成与发展是一个连续发展、变化的过程，主要包括以下几个阶段。

①竞技形成阶段

竞技状态形成和发展阶段是青少年在篮球训练过程中的第一个发展变化阶段，该阶段又分为以下两部分：第一，形成竞技状态前提条件阶段，竞技状态前提条件包括有机体机能水平不断提高，专项运动技术、战术的形成，运动素质得到全面发展，心理素质的初步养成；第二，初步形成竞技状态阶段，这一阶段的形成、发展具有专项化的特点，彼此有机结合而形成一个完整的统一体，基本形成竞技状态。

②发展和保持阶段

经过系统训练之后，青少年的篮球水平会有一定程度的提高，并稳定下来，进入了发展和保持篮球水平的阶段。在这一阶段的主要任务是使青少年篮球运动员进一步发展和保持竞技状态，并让其在参加重大比赛前，通过赛前调控、热身，达到最适宜的竞技状态。

③竞技消失阶段

竞技消失阶段是指青少年篮球竞技能力和水平出现暂时性的消失，这主要是为了让青少年进入调整、恢复阶段，从而更好地迎接下一次竞技状态的来临。

3. 疲劳与恢复原理

在篮球运动中，负荷的直接结果是引发疲劳，而运动恢复则是指在篮球训练中，青少年对机体承受运动刺激并由此产生的机体内部生理效应和心理效应的一系列变化的应答过程。训练恢复的主要作用是使青少年的运动负荷能够冲击自身的生理极限，从而最大限度地挖掘青少年篮球运动员的内在潜力。

总之，在青少年篮球人才训练过程中，当青少年机体出现疲劳后，机体的状态就会明显下降，只有尽快消除疲劳、恢复体能，才能进一步承受新的、更大的运动负荷。

（四）青少年篮球人才训练的哲学理论

利用哲学的思维研究篮球技战术的创新和规律，建立一个青少年篮球人才训练理论体系，科学、合理地指导青少年篮球人才训练实践，对篮球技战术水平的提高以及篮球运动的长远发展，都有着重要的意义。

辩证唯物主义哲学观认为，矛盾是事物发展的动力，因此，只有认识到并抓住篮球运动本身所存在的矛盾，正确认识和处理好篮球运动训练中攻守之间的对立统一的创新关系，才能有利于进一步深化对篮球运动的认识，树立正确的篮球观念和指导思想，并推动青少年篮球人才训练不断向新的层次发展。

二、青少年篮球人才训练的理念

青少年篮球人才训练必须有一个适当的理念来指引，这样才能够一如既往地坚持正确的方向和宗旨，而不误入歧途、迷失方向。因此，以下将对青少年篮球人才训练的基本理念进行详细分析。

（一）重视训练手段的科学性

随着现代篮球运动的蓬勃发展，特别是篮球技战术的发展以及训练经验的不断积累，人们逐渐对青少年篮球人才训练的整个过程进行科学的研究，包括从形体到机能、从战术意识到行动执行、从技术掌握到熟练运用、从心理素质到意志品质、从个体成长到群体凝聚力、从思想教育到作风形成等。

在青少年篮球人才训练中，不断寻求科学的训练方法与手段，从而以新观念、新方法和新手段去思考和训练，有助于进一步从深层次去探求篮球运动科学训练的规律。因此，在青少年篮球人才训练手段的选择上，教练员要在遵循科学训练规律的基础上，根据青少年篮球运动员的个体情况以及本队技战术的特点，进行有针对性的、科学的训练，从而最大限度地发挥每名青少年篮球运动员的优势和特长。另外，在训练过程中，要注意对有决定性意义的技术进行反复练习，尽量使其成为特长技术，成为比赛制胜的法宝。

（二）重视全面系统的训练理论

在篮球训练当中，要始终将理论与实践相结合，理论对于训练实践具有重要的指导作用。进行全面、系统的理论研究，有利于有效发展青少年篮球运动员的技战风格、思想作风、身体素质、心理素质等，为青少年篮球人才训练提供科学、客观、合理的理论依据。比如，通过对篮球训练系统能量供应的理论研究，能够使人们了解和掌握能量供应系统及相互间的关系，从而选择更加正确、合理的训练方法及训练手段。一名优秀的篮球运动员需要有短时间内的快速移动能力和长时间内的耐力能力，可见，青少年篮球运动员的能量供应是以磷酸原系统供能为主的混合型供能，这样才能为青少年篮球人才培训长时间提供机体所需的能量。

此外，对篮球运动员竞技能力的研究，进一步说明了运动员的竞技能力主要是由身体机能、身体形态、比赛技术、战术运用、运动素质、智能水平、心理意志七个方面组成的，其中最主要的是运动素质、比赛技术、战术运用、心理意志四个方面。

第二章　青少年篮球人才培训的理念与模式

因此，在青少年篮球人才训练和评价中，要抓住起主要作用的因素作为总体评价的主要依据。另外，通过对竞技能力各因素的评价，可以为青少年篮球人才训练提供有益的指导和帮助。教练员通过对青少年在过去训练中出现的各种问题进行理论研究和分析，科学论证今后的训练中可能出现的情况，可以及时发现训练中出现的问题并进行调整。因此，加强篮球理论研究对于提高青少年篮球人才训练具有重要的意义和作用。

（三）重视篮球竞技规律的研究

通常情况下，篮球运动的竞技规律决定着篮球运动内部基本矛盾运动和篮球运动的总体发展方向，从而整体推动篮球运动积极的向前发展。因此，掌握篮球运动竞技规律的发展方向是搞好青少年篮球人才训练的前提和基础。具体而言，当今世界篮球竞技规律主要包括以下几个方面。

1. 攻守平衡规律

篮球运动的主要矛盾是攻与守之间的矛盾。在篮球比赛中，只有实现攻与守的平衡，才能使自己持久的强大。从现代篮球运动大的发展趋势来看，一个球队拥有强大的进攻能力是战胜对手的一个重要保障，但只有同时拥有强大的防守能力，才能称得上是一个真正有实力的队伍。因此，在青少年篮球人才训练中要极为重视攻与守的平衡规律，加强攻守平衡的训练。

2. 集体性规律

篮球运动是非常强调集体性的一个体育项目，虽然篮球比赛难免需要依靠技术高超的球员的个人发挥，但更重要的还是要依靠集体力量的发挥，这充分体现了篮球场上的一切行动都是基于全队的整体性目的和任务以及运动员的团队精神和协同作风。

在篮球运动中，只有做到将个人的技艺融于集体之中，才能最大限度地发挥个人的特长技术，才能够在比赛中最大限度地提高集体的实力。

除队员的因素外,教练员也要充分调动全队队员的积极性和能动性,在制定战术配合时,必须从整体考虑,以全局为重。所以,从篮球训练的竞技规律可以看出,在青少年篮球人才训练当中也要以集体性为原则。

3. 全面与特长发展规律

全面,指个人技术、全队整体实力的全面;特长,指在全面的基础上,重点培养青少年运动员在篮球运动中的个人突出能力。培养技术全面发展且有突出特长的运动员,是篮球竞技规律的一个基本特征。拥有全面技术且具有个人突出技能的球员的数量多少和质量高低,对于一个球队整体实力的提升具有十分重要的意义。因此,在青少年篮球人才训练中,要在加强青少年篮球运动员全面技战术训练的基础上,重视突出运动员个人特长技术的训练,正确处理好全面与特长的关系,只有这样,才能实现青少年篮球人才训练的辩证统一。

第三章 青少年篮球人才培养之基础理论体系的构建

在当代社会中，热爱篮球运动的青少年越来越多，想要做好青少年篮球人才培养工作，很有必要构建青少年篮球人才培养的基础理论体系。本章中将从篮球基本知识、运动训练理论、运动营养与保健等方面对青少年篮球人才培养的基础理论体系进行系统的探讨。

第一节 篮球基本知识体系

一、篮球运动的起源

19世纪中叶以后，欧洲产业革命极大地推动了生产力的发展，人们获得了大量的余暇时间。为了打发日益增多的闲暇时间，人们呼唤新的生活方式的产生，于是渴望并追求新的生活方式成为时代发展的潮流。这种情况引起了一些有远见卓识的教育家、社会活动家的高度关注与支持，他们发明了许多属于现代体育活动范畴的健康文明的各种活动性游戏，篮球运动正是在这种情况下诞生的。

追根溯源，篮球运动是由美国马萨诸塞州斯普林菲尔德学院基督教青年会的体育教师詹姆斯·奈史密斯发明的。1891年，美国的气候非常寒冷，当时在美国社会中非常流行的棒球运动难以开展，但学生们对室内古典体操没有兴趣，因此需要一项适合在室内进行的体育活动充实学生的生活。为了提高学生的兴趣，詹姆斯·奈史密斯进行了诸多设想——将橄榄球、足球等搬进室内，由于场地限制或其他原因，均告失败。1891年12月，詹姆斯·奈史密斯在工人和儿童向桃篮内做投准游戏的启发下，综合了橄榄球、曲棍球、足球等体育运动的特点，设计出以投掷准确性程度来计分并决定胜负的游戏，奈史密斯为之取名为"篮球"。篮球运动最初是在健身房两端的栏杆上各捆绑一只桃篮，距离地面3.05米，用足球作为比赛工具，向篮投掷，投球入篮得1分，投多者为胜。因为每次投球进篮后都需要爬梯子将球取出才能重新开始比赛，非常麻烦，所以后来将篮底剪开，逐渐发展成现在使用的球篮。在1891年的圣诞前夜，詹姆斯·奈史密斯博士亲自主持了近代篮球运动史上的第一场比赛。由于这项活动竞争激烈，趣味性强，容易掌握，因此受到了人们尤其是年轻人的喜爱。时至今日，经过长时间的发展，篮球运动在世界范围内广泛展开，深入到人们的生活之中。

二、篮球运动的发展

（一）世界篮球运动的发展

时至今日，世界篮球运动的发展大致经历了五个时期，即初创试行时期、完善推广时期、普及发展时期、全面提高时期和创新发展时期。其具体如下所述。

1. 初创试行时期（19世纪90年代至20世纪20年代）

世界篮球运动的初创试行时期是19世纪90年代至20世纪20年代，这是世界篮球运动发展的第一个时期。在这一时期，篮球运动迅速传播、篮球技战术初步形成和篮球竞赛规则初步形成是篮球运动发展的主要体现。

第三章　青少年篮球人才培养之基础理论体系的构建

2. 完善推广时期（20世纪30至40年代末）

篮球运动发展的完善推广时期是20世纪30年代至40年代，这是世界篮球运动的完善推广时期。在这一时期，篮球运动方面发生的重大事件是国际业余篮球联合协会的成立，它的成立是篮球运动的规则和技战术得到进一步完善，促进了篮球比赛在世界的进行。

3. 普及发展时期（20世纪50至70年代）

篮球运动的普及发展时期是20世纪50年代到70年代，这是世界篮球运动发展的第三个时期。在这一时期，随着篮球运动技战术的创新和发展，规则与技战术之间在不断制约中相互促进，篮球运动在世界各地得到广泛普及。

4. 全面提高时期（20世纪70至80年代末）

篮球运动的全面提高时期是20世纪70年代到80年代末，这是世界篮球运动发展的第四个时期。在这一时期，篮球运动员身材高大的运动员大量涌现，篮球规则进一步修正，篮球技战术也得到创新发展。

5. 创新发展时期（20世纪90年代至今）

1990年至今是篮球运动的创新发展时期，这是世界篮球运动发展的第五个时期。在这一时期，篮球运动呈现出了新的特点和变化，篮球运动水平得到进一步提高。这一时期，国际业余篮球联合协会更名为国际篮球联合会，世界篮球运动进入融竞技化、智谋化、技艺化于一体的新时期，篮球竞赛规则的适时修改使篮球运动更加规范。

（二）中国篮球运动的发展

美国基督教青年会的传教士来会理对我国篮球的发展意义重大。篮球运动就是由他们于1895年传入我国的，从此，揭开了篮球运动在我国发展的序幕。从整体上来看，我们可以把中国篮球运动的发展分为三大时期、七个阶段。

1. 传播和缓慢普及时期（1895～1948年）

我国篮球发展的第一个时期是篮球在我国的传播和缓慢普及，时间是1895～1948年。在这个时期内，我国篮球运动的发展又可分为初始传播、缓慢推广、局部普及三个阶段，时间分别为1895～1918年、1919～1936年和1937～1948年。

2. 有限推广、停滞困惑、复苏发展时期（1949～1995年）

我国篮球运动的第二个发展时期是1949～1995年，篮球运动在我国有限推广、停滞困惑、复苏发展是这一时期的主要体现。这一时期也可分为普及、发展，徘徊、困惑，复苏、提高三个阶段，分别为1949～1965年、1966～1978年和1979～1995年。

3. 总结经验、深化改革、解放思想、更新观念、创新攀登的新时期（1996年至今）

1996年至今是我国篮球运动发展的第三个时期，这一时期，篮球运动进入了新的发展时期，我国篮球开始走上职业化道路，并取得了不错的成果，我国的篮球队在国际上也顽强拼搏，体现了中华民族的精神面貌。1996年，出现了CNBA职业联赛。1997年，篮球运动管理中心成立，并把传统的甲级联赛正式命名为CBA甲级队联赛，从此篮球职业联赛在我国发展起来。通过长期的努力，我国篮球事业发生了深刻变化，体现了新的生机和活力，展现出广阔的发展前景。CBA联赛，受到了众多篮球爱好者和社会的关注，同时也涌现出了一大批优秀篮球员，像王治郅、姚明、易建联等，他们有的更是进入了NBA，在篮球运动最高水平的舞台上展现中国人的风采。中国篮球的发展显现出了巨大的潜力，推动了我国篮球运动加快职业化、产业化的新进程。同时，我国篮球运动水平也不断提高。我国篮球运动在亚洲一直保持着领先地位，在世界大赛中也获得了不错的成绩。在2008年的北京奥运会上，中国女篮杀入四强，中国男篮则获得了世界前八的成绩。在2011年的男篮亚锦赛和女篮亚锦赛上，中国男女篮均获得冠军。在2015年的男篮亚锦赛上，中国队再一次获得冠军。但是还应看到，我国的篮球水平与世界相比还存在着较大差距，仍需要队员们的不懈努力和社会各界的大力支持。

三、篮球运动的特点

（一）对抗性

客观来说，篮球运动是一项攻守双方直接对抗的竞技项目，对抗性是篮球运动极为突出的一个特点。在篮球比赛中，为了争夺一个篮球的控制权并投篮得分，双方队员发生对抗是必然的。比赛中双方队员始终是在制约与反制约之间进行面对面的争斗。篮球运动是在狭小的场地范围内快速、凶悍近身进行的活动，争夺控制权、抢占有利位置、控制空间是其对抗性的主要反映。激烈的地面与空间立体对抗得以形成，这与篮球运动的场地相对来说比较狭窄、篮筐距地面也有着一定的高度密切相关。而篮球运动的魅力所在就是在特殊地面和空间进行短兵相接的对抗。这也决定了篮球运动在获球与反获球，追击、抢夺，限制与反限制中，不仅需要斗智，还需要充沛的体能和顽强的意志。它是一种包含智、谋、技、体等全方位的攻守对抗。在技术方面，篮球运动表现出了对抗性，在战术打法上同样如此，如攻守高速转化能力、快节奏全场攻击能力等。随着篮球运动技战术的不断发展，如迫使对手难以施展技术特长和达到攻击目的的空间与地面全场紧贴对手、身体主动用力的个人防守技术以及贴身强攻技术，强行突破、强行投篮、篮下强攻技术等，篮球运动全方位对抗的特点在近年来表现得越来越明显。篮球运动具有对抗性的特点，这对运动员提出了较高的要求。篮球运动中的对抗，不仅需要爆发型的力量素质和反应速度做基础，技术的运用也需要动作力量和动作速率做保证，运动员必须具备在攻守对抗中贴身防守与快速摆脱对手等情况下的抗衡能力。

在篮球比赛中，队员之间的替换非常频繁，这是为了保持比赛中的对抗强度及持久的作战力，使运动员在场上有充沛的体力，提高对抗能力。这无疑是对篮球对抗性特点的反映。在对抗性特点下，运用贴身攻防是运动员越来越注重的对抗手段，其凶悍拼抢的顽强作风也日益增强。在队伍的组织、阵容的配备、训练与比赛作风的培养、心理的准备上都应该重视篮球运动的对抗性特点。

（二）集体性

篮球运动是一项团体运动，具有集体性的特点。在篮球比赛中，双方各有五名队员，通过队员的集体协同配合，技术、战术行动才能够完成。运动员做各种动作，如传球、接球、运球、投篮和移动、防守等，这些都是有目的性的，其作用的发挥都是在战术指导思想要求下，通过两人以上的协同配合而实现的。在篮球运动中有队员的个人战术行动和集体战术配合之分，两者之间的关系非常密切，前者是后者的组成部分，后者则是前者合理组织的综合体现，两者是局部与全局、个体与集体的关系。在篮球场上，运动员做动作的根据就是应从全局出发并与同伴通力合作，努力为本队形成严密防守和创造进攻机会。只有个人技术的发挥融汇在集体协同配合之中，才能够促使战术意图的实现。另一方面，集体的密切配合为个人才能的施展提供了所需要的条件。因此，全队行动的协调一致是球队在组建、训练和比赛中需要强调的，同时还要注意调动每个队员的积极性。总之，篮球运动比赛是一个竞赛过程，形式是两队成员相互协同攻守对抗。要想获得最佳成效，必须有集体的智慧和技能，发挥团队精神，协同配合。这正是篮球运动集体性特点的体现。

（三）变化性

篮球运动具有变化性的特点，主要体现在篮球运动的攻守转换速度快上面。篮球运动攻后必守，守后必攻，攻守不断转换，转换发生在一瞬之间，瞬间变化无常，使比赛始终在快节奏情况下进行，给人以悬念，体现了篮球比赛的独特魅力。另外，篮球比赛场上情况变化万千，稍纵即逝，多变的情况靠固定的模式、不变的打法是无法对付的，因此，使得篮球战术呈现灵活、机动的特点。这就要求运动员必须善于根据主客观情况的发展变化，随机应变，提高临场应变能力，灵活地运用战术和变换战术，表现在适时地掌握进攻时机，正确地选择突破口，合理地组织力量，发挥全队及个人的特点。

（四）综合性

篮球运动以手控制球，并围绕着投篮得分展开攻守对抗为主要活动形式，包含跑、跳、投等身体活动，是一项综合性的体育运动。因此，技术动作复杂多样。这些技术在比赛中的运用均是组合形式的，其活动结构形式是多元化。由于比赛情况的复杂多变，使随机性、多样性与无确定性成为技术组合呈现的特点。篮球运动涵盖的科学内容体系上也体现了综合性的特点。篮球运动涉及社会学、军事学、生物学、管理学、体育学、竞技学、教育学等，这使它形成了独特的理论体系和技术、战术实践系统，已成为一门交叉的边缘性学科课程。它要求特殊的运动意识、集体的团队精神、个性气质、身体形态条件、生理机能、心理品质、道德作风，全面身体素质、专项技术与战术配合方法体系及实战能力等，这对教师、教练员的科学化教学、训练和高水平的指挥管理提出了要求。综上，篮球运动是一项综合性的体育运动。

（五）职业性

职业性特点是篮球运动发展的一个新的特点。随着篮球运动竞技水平的提高以及赛制和规则的完善，现代篮球运动在全球蓬勃发展，一些职业篮球俱乐部纷纷成立，运动员智能、体能和技、战术水平的不断提高，篮球运动的职业化进程得到了推动。至 20 世纪八九十年代，在美、欧、澳、亚地区，职业篮球俱乐部如雨后春笋般建立起来，全球职业化篮球已发展成为一项新的产业。

（六）商业性

商业化也是篮球运动发展的一个新的特点，这一特点是指篮球运动商业化气息越来越浓，主要体现在组织体制、赛制和训练管理机制方面。运动员自由人地位的确立，运动技能能力价值观的变更，俱乐部产权的明晰，对独立社会法人代表的重新认识，这一系列的变革一方面使世界篮球运动向更高的竞技水平发展，另一方面也使职业化篮球向商业化、产业化方向的发展得到了有力推动。商业化既是篮球运动的特点，也是篮球运动发展的趋势之一。

四、篮球运动的价值

对于个体与社会而言，篮球运动所具有的价值主要体现在健身价值、健心价值与社会价值三个方面。其具体如下所述。

（一）篮球运动的健身价值

在进行篮球运动时，人们需要不断进行跑、跳、投等多种动作，攻守双方对抗异常激烈，技、战术运用随机应变，这些都要求运动员必须具备良好的反应速度、动作速度、耐力及柔韧等素质。对于人身体的各方面素质来说，力量是最基本的一项素质，是速度、耐力、灵敏素质的基础，力量素质的发展对运动员掌握高难技术、提高场上拼抢及对抗能力都有着重要作用；速度素质是争取时间与空间优势的重要条件；灵敏素质是运动技能和各种素质在运动过程中综合能力的表现，运动员在各种突变环境下人体能否迅速、准确、协调地改变姿势和运动方向是以其为基础的。在篮球运动中，运动速度快、奔跑时间长、运动重复次数多、对抗强度大，对运动员长时间内保持运动的能力提出了要求，这就要求运动员必须具有较强的耐力素质。在篮球运动中，运动员需要做各种动作，如起动、跳跃、转身跨步等，这就要求运动员加大对各关节、韧带和肌肉经受大幅度伸缩变化和抗强拉伸的锻炼，从而提高了人体的柔韧性和柔韧素质。

从根本上来说，长期进行篮球运动，有助于人体素质的全面发展。篮球运动具有变化性的特点，不仅指的是场上情况的瞬息万变，还指篮球技战术运用的复杂性。篮球运动对运动员多种协调技术动作的掌握和随机应变的能力提出了要求，而经常参加篮球运动，也可以促进运动员对技术动作的掌握和随机应变能力的培养。通过篮球运动的锻炼，人体的各器官的功能可以得到提高。篮球运动有助于人的视野开阔，这就会提高各感受器的功能，提高广泛分配和集中注意能力及空间、时间和定向能力。在篮球运动中，动作节奏经常变化，这会使人的神经中枢的灵活性、协调性得到提高，对协调、支配各器官的能力也有一定的作用。在篮球运动过程中，人体的新陈代谢加速，体内能源物质的转换速度也得到提高，从而使心脏、血管、呼吸、消化等器官的功能增强，促进人体内各系统工作能力的提高。进行篮球运动，时间可长可短，比赛中需要快速奔跑、突然与连续起跳、敏捷的反应与力量抗衡，相对于其他项目篮球运动具有全面性、均衡性的特点，对人的机体起着良好的综合性的影响，使身体各部位肌肉结实、发达、匀称。具体来说，篮球运动的健身价值主要表现为以下几个方面。

1. 篮球运动对身体形态和机能的价值

（1）篮球运动对身体形态具有重要的作用

篮球运动对人体的身体状态有着重要的作用，首先体现在对骨骼的作用上。人们进行适宜的篮球运动锻炼，使骨承受一定负荷的刺激，能够促进血液循环，改善骨的营养供给，加快骺软骨的增生和骨化增长,从而促进骨的生长发育;经常参加篮球运动,采用较低和中等强度的运动负荷,对于发育中的骨骼,可明显促进其骨密质的形成;对骨松质的作用也是篮球运动对骨骼作用的体现,大量研究表明,篮球锻炼使骨小梁新骨形成增加,骨小梁排列更有序化。篮球运动对人体的身体状态有着重要的作用还体现在篮球运动对肌肉的作用上。

骨骼肌是实现人体运动的重要器官。相关科学研究证明,科学的体育锻炼可使骨骼肌的形态、结构及功能发生一系列适应性变化。通过进行篮球运动,可以使人体的肌肉体积增加;篮球运动可以促使肌腱和韧带中的细胞增生,也可使肌外膜、肌束膜和肌内膜增厚,肌肉变得结实,抗牵拉强度提高,从而增强肌肉抗断能力;作为一项集力量、爆发力、耐力、速度、灵敏性和柔韧性于一体的运动项目,篮球运动可使肌纤维得到最大限度的发展,而且使肌纤维增粗明显。篮球运动还可以增强肌肉收缩能力。篮球运动通过改善和提高肌群的协调性,使肌肉收缩能以最有效、最经济的方式来完成某一动作,肌肉收缩的效率得到充分发挥。

除此以外,经常参加篮球运动,不但会使肌肉中的线粒体数量增多,体积增大,肌肉有氧氧化生成 ATP 的能力增加,还会使人体的肌糖原含量增多,增加肌肉内能源储备,延缓人体运动性疲劳的产生,有利于肌肉进行紧张持久的工作。

(2)篮球运动对心血管系统机能具有重要作用

对于人体而言,篮球运动是一种消耗时间长、运动强度大的运动项目,能够增强人们的心肌收缩力。篮球运动时,肌肉活动需要消耗大量的氧气和营养物质,同时产生较多的二氧化碳等代谢产物,血液循环加快使心肌增厚,心腔扩大。篮球运动还有利于静脉血液回流,使心脏舒张末期的容积增加。这些都是篮球运动对参与者心脏泵血功能的作用。经常参加篮球运动,动脉血管壁的中膜增厚,平滑肌和弹性纤维增多,大动脉的弹性纤维增长占优势,中等动脉的平滑肌细胞增长占优势,同时使心脏周围毛细血管的数量增加,心室肌毛细血管密度增大,冠状动脉增粗,有利于心肌的血液供应和对氧的利用,这就体现了篮球运动对锻炼者血液循环系统功能的作用。篮球运动还对微循环系统有着重要作用。人在进行篮球运动时,肌肉中的代谢产物增多,促使毛细血管开放增多,有利于肌肉获得更多的氧,以适应代谢的需要。

(3)篮球运动对呼吸系统机能具有重要作用

经常参加篮球运动,能使呼吸肌得到发展、胸围加大、呼吸深度加深、肺和胸廓弹性增强、安静时呼吸次数降低、肺活量增大。经常参加篮球运动的人们,肺活量明显增加,有氧运动能力有显著提高,这说明篮球运动对改善机体的生理机能有积极的影响。篮球运动可导致安静时呼吸深度增加,而呼吸频率下降,肺泡通气量和气体交换率加大,即肺通气更有效。人体通过呼吸系统摄取到氧气,还要通过心血管系统把氧输送到组织器官。经常参加篮球运动还可以使肌肉中的毛细血管增加,线粒体数目增多和体积增大,促进静脉血液回流和有氧氧化酶的活性增加,并可提高肌红蛋白含量和最大吸氧量。

2.篮球运动对身体健康素质的价值

(1)篮球运动有助于增强人体肌肉力量

篮球运动可以使肌纤维增粗,募集更多的运动单位,从而能够增加肌肉力量。参加篮球运动,可以使青少年的肌红纤维增粗,合成 ATP 能力得到增强,肌肉持续工作时间延长,从而增强了肌肉耐力。

(2)篮球运动有助于增强人体的有氧代谢能力

篮球运动可以提高有氧代谢能力。现代篮球比赛中的运动负荷为高密度、大强度。由于比赛中经常出现犯规、暂停、换人、球出界等情况中断比赛,运动员可以利用这些时间获得短暂的休整,所以在比赛中大部分时间都是以有氧代谢供能为主。作为普通人参加篮球运动或篮球比赛,运动强度要大大小于专业篮球运动员,其有氧代谢提供的能量比例更大。因此,经常参加篮球运动可以有效提高肺泡通气量，提高呼吸效率，改善心血管机能，促进组织器官中氧化酶活性升高，增强利用氧的能力。

（3）篮球运动有助于增强人体柔韧性

所谓柔韧性素质，就是指人体关节活动幅度的大小，以及跨过关节的韧带、肌腱、肌肉、皮肤及其他组织的弹性和伸展能力。篮球运动可以改善参与者的身体柔韧性。篮球运动中的跑、跳、投、传每一个动作，都需要全身的参与。运动员在场上的位置不同，对全身各关节柔韧性要求也不同。这也就是说，全身各关节的柔韧性在每一个动作中都有具体作用，哪一个部位的不协调都会影响技术动作的发挥。从这个角度来看，经常参加篮球运动可以改善身体的柔韧性。

3. 篮球运动对人体运动素质的价值

（1）篮球运动有助于提高人的速度和爆发力素质

篮球运动对于人体速度素质的价值主要体现在提高反应速度和加快位移速度上。在篮球运动中，在看到进攻队员传球或投篮时，需要非常迅速、准确地作出判断，并同时做出相应的技术动作，这就是良好的反应速度。经常参加篮球运动可以提高感受器的敏感程度。感受器越敏感，越能缩短对各种信号刺激的感受，优化传导途径，提高中枢神经系统的兴奋性，使反应时间缩短。

在篮球运动过程中，运动员的攻防转换、运球上篮的速度、长传快攻上篮的跑动速度等，可使神经兴奋与抑制过程灵活性提高、转换能力增强、人体两脚交换频率增快，位移速度也就加快了。篮球运动对爆发力素质的影响主要体现在加大起动速度和提高弹跳能力上。篮球运动员通过各种快速、灵活、突变的脚部动作，在全身协调配合下，使身体的位置、方向和速度发生变化，这样才可更好地达到进攻时摆脱防守，防守时防住对手，以争取攻、守主动的目的。因此，经常参加篮球锻炼可以提高起动速度。现代篮球运动争夺高空优势尤为重要，因而运动员在瞬间的变化中通过合理的技术争夺篮板球、抢断、封盖等,都需要具备良好的弹跳力。相关调查研究表明,经常参与篮球运动有助于提高人的弹跳能力。

(2) 篮球运动有助于提高人体的力量和弹跳力素质

篮球运动员在比赛和训练中经常进行跑、跳、投、争抢篮板球和防守等动作,为了使自己跑得快、跳得高,运动员需要充分利用大肌群力量。而只有通过腿、臂、肩、背、腰,以及整个躯干的各肌群有机地协调配合,才会产生最佳的做功效果。因此,经常参加篮球运动可以提高力量素质。在篮球比赛中,运动员为了更好地完成各项任务,弹跳力成为不可缺少的一种素质。队员为了适应比赛的需要,必须具备连续跳的能力,不断提高弹跳力素质。经过不断的弹跳,使参与者的弹跳力素质得到提高。

(3) 篮球运动有助于提高人体的耐力素质

经常参加篮球运动,可以提高人体的速度耐力素质,发展一般耐力素质。篮球比赛是一项长时间,高、中、低强度重复交替进行的非周期性运动项目,运动员需要有长时间反复进行短距离、高强度运动的能力。所以,经常参加篮球运动,能提高速度耐力素质。经常参加篮球运动,能使机体有氧氧化能力提高,血乳酸清除能力加快,同时脑对血乳酸的耐受力得到提高。实践证明,经常参加篮球运动,有利于发展一般耐力素质。

(二) 篮球运动的健心价值

1. 篮球运动有助于减轻焦虑和抑郁症状

焦虑是指一种人对当前或预计的威胁所反映出的恐惧和不安的情绪状态。抑郁是伴随个体的人生价值的失落感而产生的悲伤、恐惧、焦虑及羞愧甚至负罪感,其具有持续时间长、能够给人的身心带来痛苦的特点。人在参与篮球运动时,通过与其他人自然的相互交流,在相互鼓励的过程中会产生相互信任的感觉。具体来说,通过参加篮球运动,不仅可以增进快乐、调节情绪、振奋精神,而且有助于解除人的内心存在的烦恼、焦虑、抑郁、自卑等不良情绪。

对于那些神经衰弱、歇斯底里等精神疾病患者来说，坚持参加篮球运动，可以有效改善和治疗其存在的相关病症。

2. 篮球运动有助于提高健康幸福感

所谓健康幸福感，就是指与积极参加身体锻炼有关的某种兴奋、自信和自尊的情绪和态度体验。对于积极参加篮球运动的人来说，其在运动时身体往往会产生一种内心愉快和乐趣的结果。

在篮球运动过程中，当一个技术或战术运用成功，或者取得比赛胜利后，个体会以自我欣赏的方式传递其成就信息于大脑，体验成就效应，从而产生自我成就的认识和情感体验，产生愉快、振奋和健康幸福感。

3. 篮球运动有助于情商的培养

个体的情商表现为其协作配合能力、处理人际关系的能力、组织管理能力、解决问题的能力以及承受挫折的能力等。参加篮球运动，可以培养团结拼搏、乐于奉献、积极向上的优良品质；在篮球规则的约束下，有利于形成文明的行为方式和良好的体育道德风尚；在篮球竞赛过程中，有利于培养克服困难、善于创新的精神，有利于培养科学、文明、健康的生活态度。总而言之，积极参加篮球运动，不但可以使参与者的身体得到锻炼，还可以提高参与者的心理承受能力以及社会交往能力。

4. 篮球运动有助于创造良好的情绪体验

情绪状态是衡量人的心理状况如何的标准之一。情绪与心理是相互关联、相互影响的，即良好的情绪会带动心理产生愉悦感，此时人的行为往往较为亢奋和积极向上，而不良的情绪则会将心理引向消极的一面。经过长期的实践证明，适当参与体育运动对缓解人的压力，促进良好情绪的生成有着巨大的作用。篮球运动作为颇受人们喜爱的大球类运动，人们通过参与其中可以转移个体不愉快的意识、情绪和行为，获得一个良好的缓解不良情绪的渠道。它不仅可以使人摆脱烦恼和痛苦,而且能够给人带来快乐和成功感。

篮球运动是一项集体运动,参与者之间不仅仅是简单的接触与交往,还能够增强人与人之间接触和交往的机会。例如,队友们在对待传球的时机和方式、投篮的位置和机会、掩护配合的时机和卡位、夹击的位置和默契等问题时,参与者之间必须进行交流。这种交流是篮球运动中所特有的交流形式,它会逐步转化成队友之间的人际交流和社会交流。通过队友之间的自然交流,有利于相互之间的进一步沟通,协调人际关系,联络感情,愉悦身心,增加群体的认同感。

5. 篮球运动有助于塑造健全的人格

从现代健康的定义来看,人的完全健康还包括拥有健全人格这个标准。由此可见,健全的人格对人在一生中发展的重要性。作为以团队模式参与的篮球运动而言,人们参与其中后会有若干积极的心理体验,这些体验有助于人们逐渐建立起健全的人格,这点主要可以从以下两个方面来体会。

(1) 完善个性心理特征

个性心理特征,是指个体身上表现出的带有稳定性和经常性的心理特点。对于篮球运动来说,可以将其从宏观上看成是一种团队与团队之间的对抗,而从较小的层面上来看,它又是团队中人与人的对抗。因此,在篮球运动团队中的每一个人的发挥都能决定团队的战斗力,相反也可以说团队的行为需要依靠每一个人来配合,必要时还要牺牲个人的利益,如得分或上场时间。这些特点表明,艰难中需要勇气,常态下需要创新,只有个人能力强,气质和性格健全,个性鲜明和人格独立的人,才敢于冒险和创新,才有可能在复杂困难的条件下坚持与强有力的对手进行顽强的对抗,并取得比赛的最终胜利。因此,篮球运动有助于实现个性心理特征的自由发展。

（2）提高抗挫折的能力

相关调查研究表明，在两支智力相当的队伍比赛中，往往进攻的成功率只有30%～50%，超常发挥的球队可能达到进攻成功率在50%以上。相对的，防守的成功率则较高一些。不过，不管是进攻还是防守，都会经常面临失败的情况，这就形成了一种篮球运动参与者在训练和比赛的过程中不断重复"进攻—失败—再进攻—再失败—积极拼抢—再进攻"的规律。当人们不断努力提升技战术水平和意识后，总能被对手超越，这样一次又一次的失败还往往都是暴露在公开的场合之下，其心理压力可想而知。不过，也正是在这反反复复挫折与失败的情景教育中，篮球运动参与者才不断获得磨炼自己、屡败屡战、不断进取的体验和心情。通过一次又一次的小挫折到中挫折，再到大挫折，不断提高自己抵抗失败打击的心理承受能力，如此进行下去，必定可以练就出可以经受千锤百炼且百折不挠的顽强意志。

通过篮球运动可以锻炼人们胜不骄、败不馁，勇猛顽强，坚韧不拔，吃苦耐劳的意志品质，由于可以培养青年人的主动性、果断性、控制力、坚持力和创造力，这都是现代人人格精神的内涵，是激烈的社会竞争中必须具备的基本素质。

6. 篮球运动具有文化娱乐的价值

在日常的工作学习中，人们面临着各种各样的压力，对人们的心理健康造成一定的危害。篮球运动可以作为人们休闲的一种手段。通过篮球运动，人们的压力得到释放，从而可以以最佳的状态重新投入到工作学习中去。即使不亲自参与运动，人们通过观看篮球比赛也可以得到精神上的享受。篮球比赛十分激烈，扣人心弦，加上运动员高超的技术表演以及球队精妙的战术配合，使篮球运动成为非常有魅力的运动。通过观赏比赛，人们得到了美的享受，得到了极大的满足。篮球运动使人们得到放松，并丰富了人们的文化娱乐生活。

（三）篮球运动的社会价值

1. 篮球运动对终身体育的作用

篮球运动对终身体育有着重要意义。在当代社会中，篮球运动深受人们喜爱，人们可以通过参加篮球运动获得身心的发展。随着社会的发展和生活节奏的加快，人们面临着巨大的压力，各种文明病对人们产生了威胁，体育运动成为人们缓解压力、保持健康的最有效方式之一。尤其是篮球运动，对场地器材的要求较低，其消费水平较适合广大消费人群，很容易普及。于是人们纷纷亲自参与到篮球运动中来，体验运动的乐趣。人们在篮球运动中的奔跑跳跃、抛掷运投、攻防抢打，使身体得到了锻炼，使身心得到了愉悦。

总的来说，篮球运动给人们带来了极大的好处。人们参与篮球运动时，要想取得理想的效果，必须持之以恒。终身体育的理念就是主张体育锻炼要持之以恒。在当代社会中，终身体育的理念已经深入人心。篮球运动是一项全民健身终身体育的项目，由于它的开展比较容易，必将对终身体育的发展起到积极的促进作用。

2. 篮球运动对社会交往的作用

篮球运动是一项团体运动。在现代社会中，通过篮球比赛，往往会涉及球队与球队之间的交往，甚至是国家与国家之间的交往，篮球运动可以促进社会交往的进行。由于篮球运动在世界范围内开展，已成为社会交往的重要手段。人与人、团体与团体、国家与国家，通过篮球运动，建立起了理解、信任、团结和友谊的关系。对于国家与国家来说，人种不同、肤色不同，语言也不通，为相互之间的交流增加了障碍，但篮球可以成为各个国家之间共同的"语言"，通过亲身体验或者观看篮球比赛，人们对篮球运动的理解是一致的。人们在共同的参与中得到欢乐、愉悦和满足，相识并了解，从而产生了共同语言，建立起了良好的关系。

3. 篮球运动对社会规范的作用

篮球运动有一定的规则，参与者必须在规则的规定下进行运动。篮球运动是一项对抗激烈的运动，如果没有规则的制约，可以想象篮球运动中一定会出现一些粗野的动作和不礼貌、不道德的行为。规则的出现，是对参与者行为的控制，它保证了双方在公平合理的条件下进行对抗，限制了不合理行为的出现。在比赛激烈对抗的情况下，发生身体碰撞是在所难免的，但参与者的动作要合理，其目的应是力争获得球或有利的位置，绝不能故意害人伤人。在篮球比赛中，对于一些常常因情绪过激而发生暴力的行为，都有着严厉的惩罚措施，同时还会受到社会规范、社会公德的谴责，严重的还要受到法律的制裁。这种惩罚措施对篮球运动参与者有着一定的震慑作用，使参与者们按照篮球运动的规则进行运动，从而有利于社会规范的形成。

4. 篮球运动对社会成员的教育作用

（1）篮球运动对价值观的影响

篮球运动具有强烈的教育性，其能够对个人的价值观产生积极的影响。这主要体现为以下几个方面：第一，篮球运动能够增强参与者的集体意识，强调人与人之间的相互配合、相互信任、相互协作；第二，篮球运动能够培养运动者良好的行为规范和良好的组织能力；第三，篮球运动能提高人的智能和体能；第四，篮球运动有助于自我改进和自我发展，激励青少年不断战胜自我，接受新的挑战。

（2）篮球运动对竞争能力和合作意识的培养

合作是两人或两人以上至群体为达到共同目的，在行动上相互配合的一种互动形式。合作与竞争一样，是人与人相互作用的基本形式。在现代社会中，个人所掌握的知识或能力再多再高也是有限的。现代社会的工作模式几乎全部为团队协作模式，这完全印证了真正的力量在于集体之中的道理，合作是人类社会生活中常见的现象，这种沟通与合作具有普遍的社会意义，是团队获得胜利的基础。

第三章 青少年篮球人才培养之基础理论体系的构建

篮球运动中充满着竞争与合作，篮球比赛的每一次进攻，几乎都要通过无数次的传切配合和积极跑位、牵扯对方防线而完成，最终的目标就是获得较好的出手投篮时机，进而得到有效得分。这些在篮球比赛中两三人甚至五个人共同完成的战术配合就是一种合作。实际上，在篮球的防守中也是如此，看似好像是无球人防守进攻的有球人这样简单，但实际上其余场上的八人也在不断跑动，完成攻防两方各自的战术。

篮球运动的集体性规律，充分体现在协同配合和团队作风上，个体只有很好地融入集体，整体才能发挥出最大的力量，并为个体更好地发挥打下坚实的基础。

（3）篮球运动对创新意识和创新能力的培养

篮球运动技术和战术的不断变化就是不断创新的过程。人们在篮球比赛中技战术的运用，必须随着对手的变化而变化。通过观察进行分析、判断，快速果断地做出行之有效的应答。从运动结构来看，篮球技术中有许多动作是相对固定的，但在实际运用中，由于对手不同，对手做出的反应是不一样的。这就要求人在比赛中要随机应变，在比赛中创造出新的、巧妙的动作以及动作配合。因此，篮球运动既是一个高度协同的全面抗衡，又是一场个人的斗智斗勇。它有利于培养人的良好思维能力、应变能力、创新意识和开拓精神。这种优秀品质不仅表现在运动场上，而且也会迁移到日常的工作、学习和生活中，有利于处在不同阶段的人开拓自身、不断创新。

5.篮球运动对经济的作用

篮球运动是体育的重要组成部分，体育产业的发展离不开篮球运动的发展。尤其是近些年来，篮球运动的职业化，商业化进程加快，篮球运动对体育产业的贡献与日俱增。随着篮球运动的进一步发展，篮球运动的巨大经济价值将得到进一步体现。

第二节 运动训练理论体系

随着篮球运动水平的不断发展，训练的科学性对其技战术水平的提高产生了越来越重要的影响。篮球运动训练的相关理论对于提高青少年篮球人才培养工作有着重要的理论指导意义。本节主要从生理学、心理学和运动学三个层面对篮球运动训练理论进行系统且深入的分析与探讨。

一、运动训练的生理学理论基础

（一）新陈代谢

所谓新陈代谢，就是指生物体不断同外界环境进行能量和物质交换，最终实现自我更新的过程。生物体的新陈代谢包括两种形式，即物质代谢和能量代谢。具体来说，物质代谢是指生物体与外界环境进行的物质之间的交换，而能量代谢则是指物质代谢过程中所伴随的能量释放、储存、转移与利用的过程。新陈代谢分为同化作用和异化作用两个对立统一的方面。所谓同化作用又称为"合成代谢"，是将人体从外界获得的物质转化为能量并储存起来的过程；异化作用又称为"分解代谢"，是将人体内的能量物质转化为能量的过程。

人体中的糖、蛋白质、脂肪既是建造机体结构、实现组织自我更新的原料，又是体内能量的来源。

在进行运动时，人体内代谢过程比平时大为加强，能量消耗增加。通过一定的运动训练，让人体各器官的功能增强，从而能够加速人体的新陈代谢过程，提高新陈代谢水平。新陈代谢是人体生命活动的基本特征之一，如果没有新陈代谢作用，生命就会结束。

同化作用和异化作用是相互依存、对立统一的整体，它们在人体是同时进行的，但是在不同的年龄阶段其表现出不同的特征。在青少年时期，人体的同化作用占优势，物质合成的速度大于分解的速度，从而使人体生长发育。当人处于中青年时，同化作用和异化作用处于平衡状态，这时人体表现出精力充沛，新陈代谢旺盛。在老年阶段，人体的异化作用占优势，这就往往会使人体的各项机能衰退，体质不断下降。

（二）人体能量代谢

生理学相关研究表明，人体的各项生命活动都必须依赖于一定的能量代谢活动。人体通过摄取各种营养物质然后转化为人体必需的能量物质，通过分解代谢作用为人体运动提供必要的能量支持。

1. 人体能量储备

人体通过消化吸收一定的能源物质之后，这些能源物质在细胞内被逐渐氧化分解，产生大量的能量，大部分能量会以热能的形式散发以维持体温；另一小部分能量则转移入细胞内，合成含有高能磷酸键的化合物，其中最为主要的是三磷酸腺苷（简称ATP）。ATP边分解边合成，保证人体各项活动所需要的能量供应。当细胞中ATP生成过剩时，会合成另一种高能磷酸化合物——磷酸肌酸（简称CP）。CP不直接参与供能，它可与ATP之间进行能量转移，其所含的高能磷酸键的量是ATP的3～8倍。当人体细胞中的ATP损耗时，CP会分解生成新的ATP，以维持体内的ATP稳定。

人体活动的直接能量源于ATP的分解，肌肉收缩、内脏活动、消化管道的消化和吸收都需要ATP供能。具体来说，ATP供能系统主要有以下三种。

第一，磷酸原系统（三磷酸腺苷-磷酸肌酸，简称ATP-CP）。它由细胞内的ATP和CP这两种高能磷化物构成。磷酸原系统供能的绝对值不大，持续时间也相对较短。但是，由于它是人体内唯一的直接能量来源,因此其供能速度最快,其能量输出功率最高。

第二,有氧氧化系统。在运动时,人体在氧气供应充足的情况下,体内的糖和脂肪会完全分解为二氧化碳和水,同时会生成丰富的ATP,保证人体的能量供应。这种能量供应系统不会产生乳酸等副产品,它是人进行长时间耐力活动的主要供能系统。

第三,乳酸能系统,又称为无氧糖酵解系统。在机体较为缺氧的情况下,人体中的肌糖原会发生无氧酵解,释放出的能量由二磷酸腺苷(ADP)吸收,再合成ATP。这一过程中会形成一定量的乳酸。乳酸能系统在人体暂时缺氧的情况下能够迅速供能。

糖、脂肪、蛋白质是人体三大能源物质,能够在细胞内氧化分解产生一定的能量。人体的脂肪所储备的能量最多,蛋白质次之,糖类储备的能量最少。研究表明,脂肪和糖类是人体运动的基础供能物质,蛋白质作为供能物质人运动时并不被大量使用。研究表明,1分子的糖在体内酵解可以生成2~3分子ATP,彻底氧化成CO_2和O_2会生成37分子ATP,而脂肪分子彻底氧化生成的ATP数量更多,可高达450分子ATP。

不同的能量代谢系统在等量能源物质情况下生成的能量不同,单位时间内生成能量的数量也会不同。各能量代谢系统的ATP合成速率的快慢顺序分别为:磷酸原、糖酵解、糖有氧氧化、脂肪酸氧化。各供能代谢系统维持供能的时间也有所不同,磷酸原系统6~8秒,糖酵解系统30~90秒,糖类则能有氧氧化90分钟,而脂肪酸供能时间相对不限。

在人体运动过程中,ATP和磷酸肌酸的最终合成以及糖酵解产物乳酸的消除要通过有氧氧化来实现,人体各项肌肉活动所需能量的最终来源为糖和脂肪的有氧氧化。

人体在运动时,各供能系统的关系与运动的时间和强度密切相关。在进行最大运动强度时,各供能系统表现为如下特征：在1~3秒的全力运动中，基本上是由ATP提供能量的；在完成10秒以内的全力运动时，磷酸原系统起主要供能作用；30~90秒最大运动时以糖酵解供能为主；约为2~3分钟的运动，糖有氧氧化提供能量的比例增大；而超过3分钟以上的运动，则基本上是有氧氧化供能。随着人体运动时间的延长，则人体供能逐渐由糖有氧氧化为主过渡到以脂肪氧化为主。

在运动时，并不是仅由某一个供能系统提供能量，而是在各供能系统的共同参与下完成人体所需的能量供应。在这一过程中，可能某一个供能系统为基础，其他供能系统起到相应的辅助供能的作用。不同的供能系统具有不同的特点，见表3-1所示。

表3-1 三大供能系统的特点

供能系统名称	能源物质	输出功率	供能时间
ATP-CP系统	ATP、CP	最大	最大作为6~8秒
糖酵解系统	肌糖原、血糖	约为ATP-CP系统的50%	30~60秒达最大，可维持2~3分钟
有氧氧化系统	肌糖原、血糖	约为糖酵解系统的50%	1~2小时
	脂肪	约为糖酵解系统的20%	理论上无限

2. 运动强度和持续时间对能量代谢的影响

（1）中低强度的长时间有氧耐力运动

人体在进行中低强度并且时间较长的运动时，在运动的初始阶段，其主要以糖类的有氧氧化供能为主，随着运动时间的加长，逐渐过渡到脂肪氧化供能为主。人体脂肪的氧化供能其特点表现为动员反应较慢，同时耗氧量也相对较大。

（2）递增负荷的力竭性运动

在递增负荷的力竭性运动开始阶段，人体的能耗相对较低，有氧氧化系统的供能能够满足人体能量需求，主要以糖的氧化分解为主。随着运动负荷的增大，有氧供能系统提供的能量逐渐不能满足运动时的需求，此时需要无氧供能系统。

（3）最大强度运动

最大强度的运动时，人体起动能量输出功率最快的磷酸原系统，机体的 CP 会分解合成 ATP，保证人体在运动中的能量需求。但是，磷酸原系统只能维持较短的时间，之后需要依赖无氧糖酵解系统的能量输出。

二、运动训练的心理学理论基础

（一）运动中的动机

1. 动机的含义

动机是人从事某项活动的内部动力因素或是心理动因，它是人们从事某项互动的内部原因。动机可以引起个体的活动，并指引其相应的目标行进。同时，动机还起着强化或抑制人们相应活动的作用。心理学认为，动机可用"方向"和"强度"来观察和研究人的动机。"方向"为人的目标选择，即要做的某事；"强度"即为做某件事愿意和实际付出多大的努力，它是动机对人的激活程度的认知。

2. 动机的种类

（1）生物性动机与社会性动机

所谓生物性动机，就是指为了满足人的生理需要，如活动运动的愉悦感、宣泄的需要等，进行相应的活动的动机。这一动机对个人的心理和行为产生较大的影响，当动机得到实现，则能够获得较大的满足和愉悦；反之，则会产生情绪的不良反应。

所谓社会性动机，就是指那些活动尊重、认同、友谊等社会化需要的动机。这种动机为后天习得，并且影响持久。

（2）外部动机和内部动机

所谓外部动机，就是从外部诱因转化而来的动机，如获得肯定、赞扬或是获得奖金等，它的动力来源于外部动员的力量。

所谓内部动机，就是指源于主观内部原因的动机称为内部动机。例如，好奇、好胜心、自尊心，以及荣誉感、归属感、满足感等，都属于内部动机。

（二）运动中的认知

在进行篮球运动时，需要运动员不断进行各种快速移动，而在这一过程中，涉及的知觉形式多样。具体表现为如下几种：

1. 视觉认知

在运动中运动员能够快速的观察队员、对手以及球的空间、方位和距离等的变化，这正是依赖于运动员的视觉认知。

在球类运动中，优秀运动员的深度视觉判断能力要高于一般的运动员。有研究表明，优秀篮球运动员，其闪光临界融合频率值高于一般运动员和普通人。闪光临界融合频率值的高低反映了人的视觉对光刺激在时间变化上的分辨能力，该值越高，表明时间的视觉敏度越高。

2. 触觉认知

球类运动，尤其是足球和篮球运动，需要球员具备良好的"球性"，这就要求运动员具有良好的触觉敏感性。篮球运动员的触觉认知主要体现在手，皮肤触觉敏感性仅仅是基础，要经过长期专项训练才能发展起这种专项能力。

（三）运动的记忆

相关研究表明，回忆误差会随着测验间隔时间的增加而增加。运动反应的记忆也有一个遗忘过程，在 1 分钟左右完成。有学者认为，随着动作技术练习次数的增加，遗忘的程度会呈下降趋势。如果训练以后对该技术进行心理演练，则能够使短时记忆转为长时记忆。

人对于运动技能的掌握是一个不断通过运动实践活动的相应能力的学习过程,这个过程是复杂的。经过一段时间的休整后,如果运动员还具有这种技能,则说明运动员对该项技能形成了一定的记忆;反之,则为遗忘。

需要强调的是,在运动技能的学习和掌握过程中,遗忘并不一定是消极的,它在运动技能的学习过程中起着重要的作用。在技能学习中,难免会学习一些错误的动作技术,这就需要遗忘的作用,通过练习正确的动作,达到改善的目的。篮球运动技能提高的过程,是记忆积极因素和遗忘消极因素相互作用的过程。

(四)体育运动团队的凝聚力

在篮球运动过程中,队员之间良好的战术配合能力依赖于团队的凝聚力。因此,团队凝聚力也是篮球技战术训练的重要心理学基础。

所谓体育运动团队凝聚力,就是指体育运动团体成员之间心理结合力的总体,它外在表现为共同追求同一目标或对象的动态过程。篮球运动中,各队员和教练员构成了一个团队,他们在统一规范和目标的指引下,相互协同工作,进行运动训练和比赛。

团队成员的心理感受首先表现为其对团队的认同感,只有成员对团队的行为方式和规范准则表示认同,才能与其他队员一起形成认识和评价,这是团队凝聚力形成的重要先决条件。团队成员的心理感受还表现在其对团队的一定归属感,只有队员具有一定的归属感,才能更好地融入团队之中,真正的关心团队的利益得失、成功失败。另外,团队成员的心理感还表现为团队的力量感,各团队成员团结协作,从而表现出一定的自信心,在良好的配合中创造卓越的成绩。

三、运动训练的运动学理论基础

(一)人体的适应能力及超量恢复理论

1. 人体的适应性变化

人体在进行运动训练时,机体不断地进行着适应外界环境变化的过程。在这一过程中,人体各器官系统会针对刺激发生适应性的变化,当刺激适当时,机体的运动能力会得到相应的提高。在运动训练过程中,人体的适应性变化包括肌肉、骨骼、心肺功能等各方面的变化。人体对运动的刺激会有一定的最高界限,当运动刺激超过人体的生理界限时,人体就会出现问题。

人体进行的适应性变化与相应的刺激具有密切的关系,如运动刺激的时间、强度等。也就是说,不同类型的运动会使机体产生与其运动特点相符合的变化。举例来说,多次完成跳跃练习,能够提高肌肉的爆发力量和弹跳能力;长时间的跑能改进心血管和呼吸系统的功能,提高耐久力和培养顽强的意志。

2. 机体的超量恢复

随着运动时间的加长,人体能够更好地适应更长时间和更高运动强度的活动。人体的机能水平不断提高,其生理机制是运动疲劳的消除和超量恢复的出现。所谓超量恢复,就是指人体在运动时消耗的能量以及运动器官本身的疲劳不仅会逐渐恢复到运动前的水平,还会在一定程度上超出运动前的水平,这一机能状态反映在运动训练学中被称为"超量恢复"。运动实践表明,在一定的范围内,人体的运动负荷量越大,其相应的超量恢复效果会越明显。

在当代体育运动领域,超量恢复原理是大运动量训练的重要理论依据,也是现代运动训练原则的基础。当人们在完成已经习惯的运动量时,机体的能量消耗和体能消耗会快速恢复到正常的状态,但是这时其超量恢复的效果并不明显。只有运动训练对机体具有较大的消耗，机体的疲劳恢复时间会较长时，才出现一定的超量恢复状况。

运动训练实践表明，人体的超量恢复并不会保持很久的时间，如果超量恢复的效果不能得到有效巩固，则会逐渐消失。一般而言，人体的运动疲劳恢复的时间越长，则超量恢复的时间也保持的越久。实践表明，一般完成柔韧练习后，超量恢复能保持12～24小时；大肌肉群的力量训练和大强度的耐力训练后，这一时间相应为1～2天和3～4天。

（二）建立运动技能理论

复杂运动技能是一个动作接连另一个动作的肌肉所感觉的运动条件反射，在其形成过程中，人体肌肉需要经历感觉泛化、分化、巩固和动作自动化发展等几个阶段，最终建立相应的运动技能。其具体如下所述。

1. 泛化阶段

在泛化阶段，个体刚开始学习和掌握相应的动作技能，相关人员最好进行相应的分解示范。初学者在此基础上进行相应的自我实践，从而形成一定的感性认识。这时形成的是对动作技术的印象，但是对技术动作的内在规律并没有形成深化认识。人体通过感受器感受相应的运动刺激，之后神经大脑皮质会产生一定的兴奋，由于大脑皮质内抑制尚未确立，所以大脑皮质中的兴奋与抑制都呈现扩散状态，这一阶段的条件反射机制并不稳定，出现泛化现象。

一般来说，在泛化阶段，人的动作运动技能会相应的比较僵硬、生涩，肌肉运动会具有一定的不协调，并且做动作会相当吃力。

2. 分化阶段

在进行初步的动作技能掌握和学习之后，运动员对动作技能形成了一定的初步理解和掌握，对动作的内在规律也有了初步的掌握。这时,中枢神经的抑制过程得到加强,大脑皮质的活动由泛化阶段进入了分化阶段,因此运动员能比较顺利、连贯地完成完整动作技术。这一阶段为初步建立动力定型的阶段,但定型还尚不巩固,如果改变动作的环境或是有心的刺激因素,则会导致动作的错误。

3. 巩固阶段

在经过大量的反复练习之后,人体的运动条件反射机制已经得到一定的巩固,动作技术更加准确、优美,某些环节还可出现不需要意志支配就能做出动作,在环境条件变化时,动作技术也不易受破坏。同时,由于内脏器官的活动与动作配合得很好,完成练习时也开始感到省力和轻松自如。

从整体上来看,运动技能形成的过程之间是相互联系的,以上的三个阶段并没有固定的界限。运动员如果训练水平较高,则其在掌握新的运动技能时所用的时间会相对较短,对动作的精细分化能力越强;初学者则泛化过程较长,分化能力较差,掌握动作较慢。动作技能相对比较复杂时,泛化阶段就会相对比较长,分化的难度也会有所加大。

4. 动作自动化发展阶段

在完成了运动技能的泛化、分化、巩固阶段后,就进入了动作的自动化发展阶段。自动化现象即人在练习某一套动作时,可以在无意识的条件下完成的一种行为。在运动技能得到巩固后,具体的刺激系统和抽象刺激系统之间的联系,已经成为运动动力定型的统一机能体系。具体的兴奋可以选择性地扩散到抽象刺激系统,所以运动员可以精确地意识到自己所完成的动作,并可以用语言表达出来。

当动作出现自动化现象时,具体的刺激活动已经在抽象刺激的影响下相对地解放出来。完成自动化动作时,具体的刺激活动的兴奋不向抽象的刺激系统传递,或者只是不完全地传递,这时的动作技能表现出一定的"无意识性",或是意识不完全。

需要指出的是，虽然动力定型已经非常巩固，但由于进行自动化动作时具体的刺激经常不能传递到抽象刺激系统中去，因此，如果动作出现细微的错误，很可能一时不能觉察，等到觉察，可能变形的动作已因多次重复而巩固下来。因此，在动作自动化的发展中，也要时刻保持动作质量的检查和纠正。

运动训练实践就是使动作技能建立广泛的暂时联系，并把它们达到自动化的地步。在训练时，完成各种练习的暂时联系体系逐渐地与专项运动技能结合起来，为专项运动技能的提高创造了条件。当各种技能达到动作自动化的地步时，专项运动成绩就会得到相应的提高。因此，为了顺利进行训练，必须经常地重视获得和全面训练相结合的动作自动化。但并不是所有的全面训练都对专项运动技能的改善具有促进作用，只有采用恰当的训练手段对，全面训练才会对专项运动成绩的提高具有重要意义。

（三）良好竞技状态理论

所谓竞技状态，就是指人体机能能力在比赛之前及比赛过程中的一种状态反应，其包括生理机能和神经心理两方面的因素。良好的竞技状态是指有机体的活动在中枢神经系统的主导作用下达到了最完善的程度。良好的竞技状态表明运动员已具备了良好的体力及心理，其运动训练水平能保证其顺利参加比赛。判断良好竞技状态的指标主要有以下两个：

第一，观察运动员是否能迅速地进入工作状态，具有高度的工作能力，负荷后能迅速地恢复原来状态。

第二，运动员在训练过程中是否感到疲劳，是否愿意进行训练和比赛，迫切想要在比赛中发挥自己的能力。一个具有良好的"竞技状态"的运动员往往感觉到精力充沛、身体健康、渴望训练和比赛、对提高运动成绩充满信心。虽然，运动员的主观感觉不一定完全可靠，但是具有很大的参考价值。

良好竞技状态是人体生理能力和中枢神经系统状态的综合

反应。运动员良好竞技状态的获得取决于以下因素：运动训练中运动员机体各器官和系统发生的变化；中枢神经系统的工作能力；赛前训练的安排、作息制度等赛前准备工作；比赛的级别、性质、竞赛安排等。

对于运动员来说，良好的竞技状态是其创造优异运动成绩的重要基础，因此，在运动训练中，教师和教练员应注意影响运动员良好竞技状态的因素的控制，合理安排运动训练，为运动员获得良好的竞技状态创造良好的条件。

关于运动员的良好竞技状态，一些教练员在认识上存在一定的误区，如我国的一些教练员认为运动员的"竞技状态"最多只能保持30～40天，这种看法是不正确的。运动者良好"竞技状态"的出现，是在技战术训练的影响下，有机体的各器官和系统之间的活动取得协调一致的结果。良好竞技状态保持过程中，运动员的中枢神经系统起着主导作用。由于各器官和系统之间的活动协调一致，使得运动员的有机体能够很快地适应变化着的外界环境。又由于运动训练是可控制的过程，因此，运动者保持良好竞技状态的时间也是可控的。

第三节 运动营养与保健体系

一、篮球运动训练所需营养素

（一）蛋白质

蛋白质是生命的物质基础，没有蛋白质就没有生命，人体的生长、发育、运动、遗传、繁殖等都离不开蛋白质这种复杂的有机化合物。蛋白质有完整蛋白质和非完整蛋白质之分。完整蛋白质包含人体不能自行制造的所有重要氨基酸，要通过食物或补剂供给,对身体内蛋白质的合成有重要影响。肉类等动物性食品多含完整蛋白质。非完整蛋白质不包含所有重要氨基酸,如进食足够的氮质身体可以制造非重要氨基酸。蛋白质制造及新陈代谢的维持需要足够的重要氨基酸和非重要氨基酸同时拥有。

1. 营养功用

(1) 构成机体组织

蛋白质是构成人体细胞的物质基础,是人体的建筑材料。它的功能主要是合成和修补细胞,如肌肉、血液、身体器官、激素、酶、抗体、皮肤,保持水分的平衡、酸碱度。人体不断地生长,细胞数量增多,细胞也在进行着新陈代谢,新旧细胞持续更替,这都需要蛋白质的及时供应和补充。肝脏是人体内蛋白质代谢比较旺盛的组织。生命只要存在,细胞就在不断代谢,蛋白质就需要持续供应。如供应不足,人体发育便受到影响,进行篮球运动训练也就无从谈起。

(2) 调节生理功能

首先,机体正常的新陈代谢离不开蛋白质的维持作用。身体内不同种类物质的输送离不开蛋白质的作用,这里发挥作用的蛋白质主要是指血液及细胞膜中所含的蛋白质,如血红蛋白主要负责氧气的输送、脂肪脂蛋白主要负责脂肪的输送。

其次,体液的酸碱是否平衡与机体内渗透压是否平衡与蛋白质有直接的关系。

(3) 提供热能

尽管人体的主要能源物质中不包括蛋白质,然而蛋白质也能够释放一些能量,因为机体内的蛋白质如果被破坏就会产生分解,一些能量就可以在这一分解过程中释放出来。在机体需要热能的情况下,体内 1 克蛋白质大概可以产生的能量为 16.72 千焦耳(4 千卡)。如果人体过多地摄入蛋白质,一些没有被机体吸收的多余的蛋白质就会向脂肪与糖转化。

2. 食物来源

动物蛋白和植物蛋白是蛋白质的两大类别,与后者相比,动物蛋白的生物利用度明显要高。人们通常所说的优质蛋白就是动物蛋白。动物蛋白和植物蛋白的主要来源见表3-2。

表3-2 蛋白质主要来源

分类	来源
动物蛋白主要来源	肉类（猪肉、鸭肉、牛肉、羊肉、鸡肉、狗肉）、奶类（羊奶、牛奶）、蛋类（鸡蛋、鸭蛋）、海鲜类（鱼、虾、蟹）等
植物蛋白主要来源	黄豆、大青豆和黑豆等豆类及豆制品、杏仁、瓜子、芝麻、核桃、松子等

（二）矿物质

矿物质又称"无机盐",是指地壳中天然存在的化合物或天然元素。在人体内,大约有50多种矿物质。矿物质是人体重要的组成部分,有些元素是身体保持适当生理功能所必需的,能够维持生理系统,强化骨骼结构和肌肉、神经系统,辅助酶、激素、维生素和其他元素发挥作用,因此需要不断地从食物中摄取。矿物质有常量元素和微量元素之分,以它们在膳食中的需要量为标准。其中含量较多的有钙、镁、钾、钠、磷、硫、氯七种元素,每日需要量在十分之几克到1克或几克,称为常量元素;其他元素如铁、铜、碘、锌、锰和硒,由于含量极少,每日需要量从百万分之几克（以微克计）到千分之几克（以毫克计）,又称微量元素。下面分析几种常见的常微量元素的功效与来源。

1. 钙

钙是人体牙齿和骨骼的重要构成成分,在人体内含量相对较多,约1 300克,约占体重的1.5%～2%,主要集中在骨骼和牙齿中,约99%的含量。食物中钙的主要来源有蛋黄、乳类、小虾皮、海带、芝麻酱等。

2. 铁

铁在成人体内的含量为 3～4 克，它是人体重要的必需微量元素之一，是构成细胞的原料，并参与肌红蛋白、血红蛋白、细胞色素及某些酶的合成。食物中铁的主要来源有动物的肝脏、肉类、蛋类、鱼类和某些蔬菜等。

3. 碘

碘在人体内的主要作用是参与甲状腺素的合成，促进能量的代谢。食物中碘的主要来源是海产的动植物食物，如海带和鱼类等。

4. 锌

锌在人体内的作用主要是参与机体酶的合成，是酶的活性所必需的元素，主要存在于人体头发、皮肤和骨骼中。食物中锌的主要来源有猪肉、牛肉、羊肉和其他鱼类、海产品。

（三）脂肪

脂肪可以分为饱和脂肪酸和不饱和脂肪酸。如果人体内饱和脂肪酸摄入过多会导致各种心血管疾病的发生。而不饱和脂肪酸则可以起到增强细胞的结构，运送胆固醇，促进胆固醇代谢，延缓血液凝固的作用。

1. 营养功用

（1）人体细胞的重要组成成分

脂肪类营养素是细胞膜不可缺少的组成成分之一，同时也是脑、外周神经组织、肝、卵等组织细胞所需要的。细胞的新陈代谢，以及新老细胞的更替都需要由脂肪提供原料。

（2）人体主要的能量来源之一

脂肪具有非常高的热量，每克脂肪经过氧化可以产生 9 千卡热量，比同量糖和蛋白质所产热量的两倍还多。因此，脂肪有人体"能源库"之称。

(3) 具有非常重要的生理功能

能够调节人体新陈代谢和生长发育的肾上腺皮质激素和性激素等，其主要成分便是脂肪类物质。另外，维生素A、维生素D等一些重要的脂溶性维生素都以脂肪作为其存在的必要条件并且脂肪还可以促进脂溶性维生素A、D、E、K的吸收。

(4) 具有保持体温和保护内脏器官的作用

大部分的脂肪主要分布在皮下、肠系膜、大网膜和肾脏的周围，它能够阻止体能散发大量的热量，能够固定脏器的位置，并减少摩擦，起到缓冲的作用。

(5) 促进食欲的增加，增加饱腹感

脂肪对食品的香气和味道具有提高的效用，有利于人们食欲的增加。胃肠道中如果脂肪长时间停留，机体的饱腹感就会增加。

2. 食物来源

以下四类食物是脂肪的主要来源。

(1) 动物的内脏和肉。

(2) 豆油、花生油、红花油、菜子油、葵花子油、亚麻油等烹调用的油脂。

(3) 花生仁、葵花子仁、核桃仁、杏仁等坚果类食品。

(4) 红小豆、黄豆、黑豆等豆类食品。

(四) 碳水化合物

碳水化合物即糖类，可分为单糖、双糖、多糖。常见的单糖有葡萄糖和果糖等，单糖可以直接被人体吸收和利用，不需要消耗能量；常见的双糖，有麦芽糖、白糖、乳糖等，在糖果和果汁中通常都是双糖，双糖在摄入人体后需要经过转化成单糖才能被人体吸收利用；多糖是指由10个以上的单糖组合而成的糖，常见的多糖有淀粉、纤维素等，多糖需要在体内经过分解才能被人体消化吸收，因此需要消耗较多的能量。此外，由于单糖、双糖、多糖在体内吸收速度的不同，通常用血糖值数来表示。血糖值数是指糖分的吸收速度，吸收快的是高血糖值数食品，吸收慢的属于低血糖值数食品。

1. 营养功用

（1）促进消化

糖类是人体内主要的能量来源之一，它可以节省体内蛋白质的消耗，并对肝脏起到较好的保护作用，促进人体消化。在糖类中，纤维素与其他几种糖类有着较大的区别，它不能够被肠胃消化吸收，所以不具有营养价值，但其有着较大的生理价值，主要表现在它能够刺激肠道的蠕动、排空，避免因食物长时间在肠道中停留而腐败产生毒素，降低结肠癌、结肠炎的病发率，降低血清胆固醇，防止形成胆结石和动脉粥样硬化。

（2）提供热量

碳水化合物提供了人体每日摄取总热量的50%～55%，主要来自人们的主食。碳水化合物是机体的主要热量来源。它可以避免蛋白质的分解，供给脂肪新陈代谢中所需要的热量，给中枢神经系统提供所需的热量。如果碳水化合物摄入不足，就会导致水分的流失和新陈代谢的减慢。据营养学家推荐，人体每日摄入碳水化合物的量为每千克体重8～10克。

（3）塑形美体

碳水化合物对减肥和形体的保持起着重要作用。碳水化合物能够促进脂肪的新陈代谢。饿肚子减肥是人们认为有效的一种减肥方法，其实这是不划算的，这就涉及碳水化合物的作用。减肥者身上脂肪多，如果采用饿肚子减肥方法，不进食，碳水化合物也就无法摄入，少了碳水化合物提供的能量，脂肪代谢无法进行，因此是不消耗的，并未达到减肥的效果。当然，饿肚子也会变瘦，但是这主要是因为水分和蛋白质的流失，脂肪不代谢，蛋白质的分解在所难免。而减肥主要是减脂肪，可见碳水化合物的重要作用。

（4）促进中枢神经系统的正常运行

中枢神经系统是人体的重要系统，它的正常运作是人体正常活动的关键。而中枢神经系统正常运作需要能量的提供，这就主要依靠碳水化合物。碳水化合物摄取不足，无法满足身体所需时，人就会变得反应迟钝，而且会导致水分的流失和新陈代谢的减慢。人体能量不摄入，身体便要减少能量的消耗以延续生命，从而新陈代谢就要减慢下来。由于人体摄取能量时间的不确定性，身体发挥自我保护作用，便会将摄入的能量大量储藏起来，以保证机体活下去。这也解释了节食减肥易反弹的原因。

2. 食物来源

糖类主要来源于植物性食物中的谷类、根茎类和各种食糖以及蔬菜和水果。

（五）维生素

维生素是人体所必需的一类有机化合物，它具有调节和维持机体的正常代谢、促进生长发育的作用。人体内所进行的各种生化反应都是在酶的催化作用下进行的，而许多维生素是酶的辅酶或者是辅酶的组成分子。维生素通常存在于天然的食物之中，不能在人体内合成或合成的数量非常少。因此，必须要从食物中摄取。

维生素有着非常多的种类，以维生素的溶解性为依据，可将其分为两大类，即脂溶性维生素和水溶性维生素。脂溶性维生素包括维生素A、D、E、K；水溶性维生素包括维生素B族、维生素C以及众多的"类维生素"。[1]在这里，将对脂溶性维生素和水溶性维生素的主要营养功用及来源分别进行详细的阐述。

1. 脂溶性维生素

（1）维生素A

维生素A的主要功效：维持正常的视觉尤其是人的暗适应

---

[1] 张钧. 运动营养学. 北京：高等教育出版社，2010

能力，预防夜盲症、干眼病；维持上皮细胞组织健康，促进生长发育，增加身体的抵抗力；促进人的骨骼发育。

维生素A只存在于动物性食物中，如动物的肝脏、鱼肝油、鱼卵、奶油禽蛋等。因此，在补充维生素A时应多食用此类食物。

（2）维生素D

维生素D有利于增进人体对钙和磷的吸收和利用，促进骨骼生长。

在补充维生素D时，应当进食动物肝脏、鱼肝油、禽蛋等食物。

（3）维生素E

维生素E的主要功效：促进正常生殖能力的维持和肌肉代谢的正常进行；对肌肉生长有促进作用，提高肌肉耐力和力量；增强循环、呼吸和生殖系统的功能。

在补充维生素E时，应当多吃麦芽、植物和绿叶蔬菜等食物。

（4）维生素K

维生素K的主要功效：止血，构成凝血酶原，促进肝脏制造凝血酶原。

白菜、菠菜及动物肝脏是维生素K的主要来源，在补充维生素K时，应当多食用此类食物。

2. 水溶性维生素

（1）维生素B_1

维生素B_1的主要功效：组成酶，参与碳水化合物代谢，影响代谢过程；保持消化、循环、神经系统和肌肉的正常功能；预防脚气。

在补充维生素B_1时，可以食用动物的心脏、肝、肾、脑、瘦猪肉、蛋类，植物中的谷类、豆类、干果及硬果等食物。

（2）维生素B_2

维生素B_2又称为"核黄素"，是人体内许多辅酶的组成部分。B_2是人体能量系统必需的物质，可以促进细胞的氧化，促进生长发育，保持皮肤和眼睛的健康。

维生素B_2存在于各种动物性食物，特别是动物的内脏、蛋和奶，其次来源于豆类的新鲜绿叶菜。因此，在补充维生素 B_2 时，应当多食用此类食物。

（3）维生素 B_5

维生素 B_5 又称"泛酸"，对感染具有抵抗作用，能够使某些抗生素的毒性减轻，术后腹胀也能够通过维生素 B_5 的作用得以缓解。

在补充维生素 B_5 时，运动员应当多吃蔬菜与动物肝脏等食物。

（4）维生素 B_6

维生素 B_6 在蛋白代谢中起着预防神经衰弱、眩晕、动脉粥样硬化的作用。

在补充维生素 B_6 时，运动员应当多吃谷物类食品、乳制品、动作肝脏及蛋类等。

（5）维生素 B_{12}

维生素 B_{12} 能够抗脂肪肝，促进细胞成熟和抗体代谢，促进肝脏对维生素 A 的贮藏，防治恶性贫血。

在补充维生素 B_{12} 时，运动员应当多吃蛋类、动物的肝脏、肉类、鱼肉等食物。

（6）维生素 C

维生素 C 的主要功效：促进红细胞成熟，促进人体生长；增强抵抗力，连接结缔组织维持骨骼和牙齿的健康；增强对疾病的抵抗力，促进伤口愈合，增强血管的韧性，预防与治疗坏血症。

在补充维生素 C 时，运动员应当多吃新鲜蔬菜和水果。

人体补充维生素可以食用含有大量维生素的新鲜蔬菜水果和粗加工谷物，但维生素的补充一定要注意适量，过量的摄入会引发中毒。

（六）水

水分的流失会对人体产生非常大的影响。对于一个健康的成人来说，其体内的水约占总体重的60%，是维持人体正常生命活动的重要物质。当失水占体重的1%时，就会降低2%的运动速度，而当人体失水达到10%时，生命就会受到严重的威胁。

水在人体内发挥着非常重要的作用。由于水的比热值较大，所以它具有较好的调节和维持体温的作用；水分能够为人体新陈代谢的过程提供较好的环境，从而促进呼吸、消化、吸收和排泄等物质代谢；水还可以改善肝脏的功能，降低食欲，有利于脂肪转化成能量；水还具有润滑的作用，如眼泪、唾液、关节滑液和浆液等。正常成人每日需要摄入不少于2 500毫升的水。大多数食物都含有水分，而一般食物只能提供大约900毫升的水。因此，除了通过食物补充水分外，每日还应该饮水1 300～1 500毫升。

二、篮球运动训练中的营养保健

篮球运动训练中的营养保健主要涉及两方面的内容，一是营养素的消耗，二是营养素的补充。下面，将对篮球运动训练中的营养保健进行系统的阐述。

（一）篮球运动训练中营养素的消耗

1. 蛋白质的消耗

人在篮球运动训练过程中，运动器官会变得肥大，酶活性会相应地提高，激素的调节也比静止时显得更加活跃，这时身体内的蛋白质就会加速合成与分解的速度，从而消耗更多的蛋白。训练之前不能过多地摄入蛋白质，因为含有蛋白质营养素的食物有着很强的动力作用，如果摄入的蛋白质多，就会促进机体代谢率的提高，机体对水分的需要量就会增加，这不利于保持良好的运动状态。

2. 糖的消耗

在篮球运动训练中，糖类可以为机体提供充足的热能。人们在训练中是否能够表现出良好的耐力水平，是否能够将规定的训练强度任务完成，是否能够取得良好的训练效果，在很大程度上都取决于机体对糖的补充量的多少与利用率的高低。

机体吸收糖类后很快就会将其消化，而且不会消耗很多氧气。水和二氧化碳是糖类在机体内发生代谢后的主要产物，在篮球运动训练过程中随时都有可能排除这些产物。如果没有及时补充糖类，机体能量就会供不应求。倘若运动员在没有对糖类进行及时补充的情况下继续进行训练，就只能依靠体内贮备的糖原来满足训练的需求，直到糖原被消耗殆尽，这会对运动员的身体造成严重的影响，甚至会使运动员面临生命危险。

3. 脂肪的消耗

作为篮球运动训练中的机体所需热能的主要来源，糖类会被处于运动状态中的运动员大量利用，尤其是在寒冷的天气中，运动员会消耗掉更多的脂肪。

4. 维生素的消耗

运动员体内的物质代谢在运动状态中会不断加强，这时机体就会需要很多维生素。运动员的运动量、运动强度、营养水平及身体状态等都会影响到其对维生素的需要量。运动越剧烈，维生素缺乏症出现的时间就越提前，而且症状也会随着剧烈的运动而不断加重。运动员一旦缺乏必要的维生素，其耐受力就会低于常人，所以运动员在运动中要对维生素进行及时的补充。

5. 矿物质的消耗

在篮球运动训练中，运动员体内的矿物质与微量元素的代谢都有发生变化的可能。如果训练量较大，运动员排出的尿中钾、磷和氯化钠就会减少，而排出的钙会有所增加。倘若运动员适应了训练量及训练强度，机体中矿物质的变动就不会十分明显，而且幅度较小。

6. 水的消耗

运动员出汗会导致水的消耗。运动越剧烈，出汗就越多，消耗的水也就越多。另外，气温条件、气压、运动量及饮食中的含碘量等都会影响出汗的多少。

（二）篮球运动训练与营养素的补充

1. 维生素的补充

通常情况下，运动员进行了激烈的篮球运动训练后，就会大量出汗、排尿，水溶性维生素特别是维生素C会随着汗、尿的排出而流失。此外，在篮球运动训练时，人体内线粒体的数量不断增多，体积不断增加，酶和功能蛋白质的数量也随之增多，这些物质的更新离不开维生素的作用，因此机体所需的维生素也会增加。如果训练时间长，训练强度大，机体就会消耗很多的能量，物质的新陈代谢进程也会加快，各组织更新的速度自然就会加快，这时机体消耗的维生素和需要的维生素都会增多。由此可见，在篮球运动训练时，必须要及时对人体的各种维生素进行必要的补充。

（1）维生素A的补充

视网膜中视紫质形成的原料之一包括维生素A，其对角膜上皮具有保护作用，也可以对角质化起到有效的防治作用。篮球运动对运动员的视力有着较高的要求，对于篮球运动员而言，维生素A的补充十分重要。

（2）维生素B_1的补充

倘若机体内没有必需的维生素B_1，训练结束后就会出现丙酮酸与乳酸堆积的现象，这容易使机体产生疲劳，乳酸脱氢酶活力也会因此而减低，这对心脏会有不利的影响，骨骼肌的功能也会因此而难以正常发挥，所以要及时补充维生素B_1。

（3）维生素 B_2 的补充

细胞呼吸、机体内的氧化还原反应等都与维生素 B_2 有关，倘若运动员机体内缺乏必要的维生素 B_2，其肌肉力量就会弱化，耐久力也会有所下降。在篮球运动训练中运动疲劳短时间内就会发生，因此训练前要注意维生素 B_2 的补充。

（4）维生素 B_6 的补充

机体蛋白质的分解与合成离不开维生素 B_6 的参与，所以，其与篮球运动员的运动能力有直接的关系。运动员力量素质的好坏直接受到其机体内所含维生素 B_6 的多少的影响，所以篮球运动员要十分重视维生素 B_6 的补充。

（5）维生素 B_{12} 的补充

细胞的核酸代谢离不开维生素 B_{12} 的参与，机体的造血与维生素 B_{12} 也有关。当机体内缺乏维生素 B_{12} 时，血红蛋白的浓度就会下降，细胞的平均容量也会有所增加，这时巨幼红细胞贫血发生的可能性就增加了。维生素 B_{12} 的缺乏会对氧的运输能力造成不良影响，最大有氧能力和亚极量运动能力也会因此而受到制约，神经系统也会因为机体内缺乏维生素 B_{12} 而受到损害。因此补充维生素 B_{12} 很重要。

（6）维生素 C 的补充

在篮球运动训练中，运动员有机体内会发生维生素 C 代谢的现象。如果是短时间的运动训练，训练后血液中维生素 C 会增加，如果是参与长时间的运动训练，训练后维生素 C 会减少。训练负荷不同，血液中维生素 C 的含量也会出现增加或减少的变化，但无论是哪种变化，无论训练负荷是大是小，组织维生素 C 的含量都会减少。运动员要想保持较高的耐力水平，促进运动疲劳的尽快恢复，使运动创伤尽早得到治疗，就需要对维生素 C 进行合理的补充。

（7）维生素 E 的补充

维生素 E 能够抗氧化，对蛋白质的合成有促进作用，对肌肉萎缩有防治功效，能够促进运动员肌肉力量增加。所以，篮球运动训练前或训练中对维生素 E 的补充都十分重要。

2. 蛋白质的补充

一般来说，成年人每天每千克体重需要补充的蛋白质量为 1.2 克。一些个别群体需要补充的蛋白质量更多，如孕妇、婴幼儿、青少年、受伤人员及运动员等。早上最好食用含有蛋白质的早餐。

篮球运动员或有规律地参与篮球运动训练的人每天每千克体重需要补充的蛋白质量为 1.0～1.8 克。机体对蛋白质的需求量随着训练水平的提高而不断增加。如果运动员连续很多天参与较大负荷的篮球运动训练时，每天每千克体重需要补充的蛋白质量为 1.0 克。即使补充了较多的蛋白质，依旧会有负氮平衡出现的可能性，这主要是因为机体内补充的蛋白质少于分解的蛋白质。为了避免出现负氮平衡的现象，运动员每天每千克体重最好补充 1.5 克的蛋白质，这是使身体处于正氮平衡状态的保障。运动员补充的蛋白质最好以优质蛋白为主，多吃富含优质蛋白的食物，在机体摄入的总的能量中，蛋白质食物提供的热量大约占到 1/5。

3. 糖的补充

在人们的日常生活中，每个人都有着不同的饮食习惯，其所从事的劳动的强度也不相同，因此需要补充的糖的多少也有差异。国外有关专家认为，一般情况下，每人每天每千克体重需要补充 0.5 克左右的糖。婴幼儿是以牛奶或羊奶为主要食物的，所以要尽量少放糖，从小培养良好的饮食习惯。

篮球运动训练过程中，不同阶段的补糖都有一些注意事项，具体如下。

（1）训练前补糖

运动员可以在进行篮球运动训练前几天补糖，通过食用含糖的食物来补糖。训练前 1～4 小时也是补糖的适宜时机，每千克体重需要补充 1～5 克的糖。在训练前 30～90 分钟内，运动员最好不要补糖，这主要是为了避免运动过程中胰岛素升高的现象发生。

(2) 训练中补糖

在篮球运动训练过程中，糖的补充应当以每隔20分钟补充一次为宜，主要是通过饮用含糖的饮料来补糖。此外，也可以吃一些含糖食物，但食物要容易消化，每小时的补糖量要保持在20～60克或者每分钟的补糖量不能超过1克，饮用饮料要注意少量多次。

(3) 训练后补糖

在结束了高强度的篮球运动训练后，运动员要注意及时补糖。在结束训练后的6小时内，肌肉中糖原合成酶活性高，这对糖原的合成具有良好的促进作用。通常情况下，为了取得良好的效果，补糖的时间宜早不宜晚。具体来说，训练后2小时内补糖、训练后立即补糖、训练后每隔1～2小时连续补糖都是可取的。对于不同的运动员，其需要补糖的多少与其自身状况有关，一般而言，每千克体重需要补充0.75～1.0克的糖。

4. 脂肪的补充

在人体每天所需的总热量中，脂肪提供的热量占到20%～30%。一些素食中所含有的不饱和脂肪酸极其丰富，如玉米、花生、大豆、橄榄、芝麻、豆腐等。

5. 水的补充

(1) 补充水的原则

第一，重预防。补水可以使脱水和运动能力下降的现象得到避免。

第二，少量多次。在补水时，要注意少量多次，不要一次喝大量的水，这会引起肠胃不适，而且不利于心血管系统功能的正常发挥。

第三，补大于失。水的补充量要大于消耗量，这样才能使运动员的运动能力得到保障，并有利于体力的恢复。

（2）补充水的方法

①训练前补水

在进行篮球运动训练之前，运动员可以饮用含有部分糖和电解质的饮料，补充的量应当以具体情况为依据。在训练前两小时内，补充含电解质和糖的运动饮料的量应当以400～600毫升为宜。

②训练中补水

在篮球运动训练过程中，运动员会大量出汗，训练中补水主要是为了防止脱水。训练中补水也要遵循少量多次的原则，每隔15～20分钟补充一次，每次补充150～300毫升含糖和电解质的饮料。每小时补水的总量要少于800毫升。

③训练后补水

训练后补水也称"复水"。篮球运动训练过程中，运动员补充的液体通常要比流失的少，所以要在训练结束后及时将流失的液体补充回来。训练后补水也不能毫无克制地大量补充，含有糖和电解质的运动饮料是最比较适宜的液体。

6. 矿物质的补充

（1）铁的补充

一般来说，成年人身体内含有3.5～4.0克的铁。在进行时间长、强度大的篮球运动训练后，人体就需要补充更多的铁来满足训练的需求。如果铁丢失现象严重，而且没有及时得到补充，就会导致铁营养不良的发生。所以，篮球运动员要合理食用含铁的食物。

（2）锌的补充

篮球运动员的运动能力与锌有很大的关系。锌是多种酶的组成成分之一，也是一种激活剂，对体内代谢具有调节作用。机体中红细胞的含锌量大致是血浆含锌量的10倍，锌在机体主要存在的形式是碳酸酐酶和含锌金属酶类。此外，锌对睾酮的产生和运输也有影响，可见锌的补充十分重要。

（3）钾的补充

成年人身体内钾的总量大约为 117 克。一般来说，大部分钾都在细胞内液中贮存，细胞外液中贮存的钾只占人体钾总量的 2%。在篮球运动训练中，及时为运动员补充钾有利于其生长素水平的迅速恢复。

（4）硒的补充

硒能够将过氧化物消除掉，促进维生素 E 抗氧化能力的加强。在进行大强度的篮球运动训练中，运动员需要摄入比平时多 3 倍的硒，每天摄入量大约为 200 微克。

第四章 青少年篮球人才培养之实操体系的构建

随着我国综合实力的提升以及对体育事业的重视，篮球运动得到很大的发展。为了进一步提高整个篮球运动水平，促进篮球运动员的成长，国家已经建立了比较完善的青少年篮球人才培养的实操体系，其内容包括青少年篮球人才的科学选材、青少年篮球队伍的建设、中小学篮球基地的建设。本章就这几项内容展开阐述。

第一节 青少年篮球人才的科学选材

从事一种运动，首要环节就是科学选材，篮球运动也不例外。青少年篮球人才培养中的科学选材，就是要采用科学的方法和手段，选拔出来具有优越的从事篮球运动先天条件的人，并通过系统训练，把其培养成优秀的篮球运动员。本节就青少年篮球人才科学选材中的原则、方法、步骤、内容等方面进行探讨，另外专门就我国青少年篮球运动员专项选材指标构建问题展开分析。

一、选材的基本原则与方法

（一）选材的基本原则

青少年篮球人才的科学选材，需要遵循一定的原则，以便更好地择优汰劣,选择具有发展潜力的篮球运动人才。一般而言,其基本原则包括:公平公开原则、有利发展原则、注重潜力原则和德才兼备原则。

1. 公平公开原则

运动员选材工作必须要严肃、认真,必须遵循公平公开原则,只有这样,才能准确合理选出优秀的人才,剔除庸才。如果选拔不公平、不公开,就很容易出现以假乱真、埋没人才的现象。遵循公平公开原则,应由主持公道、公正无私的人来负责,有效发挥运动员选材的一切方法制度的最大作用。同时,在选材过程中还要重视客观的标准,做到实事求是。

2. 有利发展原则

在进行青少年篮球人才的选材时,要考虑篮球运动以后的发展,并且要从青少年的实际情况和运动需要出发,把握好引进人才的标准及其比例,使人才的选择更具明确性和目的性,从而找到最为合适的篮球运动人才。

3. 注重潜力原则

注重潜力原则是针对运动后备人才的发展而言的,也是培养和发展后备人才最重要的条件之一。因为,潜力的大小决定了运动人才成长的高度。只有注意发现和挖掘具有潜力的人才,才能为篮球运动的持续发展奠定坚实的基础。

4. 德才兼备原则

德才兼备历来都被人们作为识别、发现人才的基本要求。"德"是指政治标准,是选拔人才的前提。如果录用一些有才无德的人,那显然对篮球运动的持续发展很不利。"才"是指业务标准,是运动员选材的必备条件。它除了专项运动能力外,还包括运动员的形态、素质、机能、心理、技术、战术、智力和情感等多方面。

（二）选材的方法

只有掌握正确的选材方法，才能顺利完成运动员选材的任务。目前，运动员选材的方法主要有遗传选材法、年龄选材法、形态选材法、测试竞赛法、机能选材法、心理选材法、素质选材法、技能选材法、综合考查法。

1. 遗传选材法

遗传选材方法有很多，如家族选材法、遗传力选材法、皮纹选材法、环境选材法、性别选择法、经络选材法等。这里重点介绍家族选材法、遗传力选材法和皮纹选材法。

（1）家族选材法

家族选材法是为了了解影响青少年运动员运动能力的某个或某些因素（性状）的遗传规律、遗传方式和遗传情况，从而对备选者家族情况进行调查，以测评出运动员的现状和未来发展趋势，并最终决定取舍。例如，如果要调查某个选材对象的某个指标（性状），那么，就应该对其家庭中若干代直系和旁系与这个指标的关系和表现进行调查，然后对调查结果进行分析研究。

（2）遗传力选材法

遗传力选材法是为了评定青少年运动员在某方面的运动能力，对组成运动能力的性状遗传力进行研究，在这当中就要了解备选对象直系或旁系亲属有关性状。遗传力选材方法主要用于最佳选材指标的优选。

（3）皮纹选材法

皮纹选材法是一种皮肤纹式的研究，通过它可以探讨皮肤纹式与组成竞技能力各性状之间的关系特征和规律，以更好地对备选对象的状况进行辅助测评，可以保证选拔优秀运动员的准确性。

2. 年龄选材法

年龄选材法主要是研究、鉴别人体生长发育的年龄特征、发育程度,以及确定各运动项群的适宜选材年龄。青少年发育程度的鉴别一般通过日历年龄与生物年龄的关系,以青春发育高潮期起始时间和持续时间的长短为依据,从而做出判断。

3. 形态选材法

形态选材法主要是以青少年运动员的体型或未来体型的发展趋势为依据,从而对青少年运动员进行测量、评定。形态选材法具体又可细分为体型测量法、体型预测法、体型评价法。

(1) 体型测量法

体型测量法测量的项目包括长度测量、宽度测量、围度测量、充实度测量,具体如图 4-1 所示。

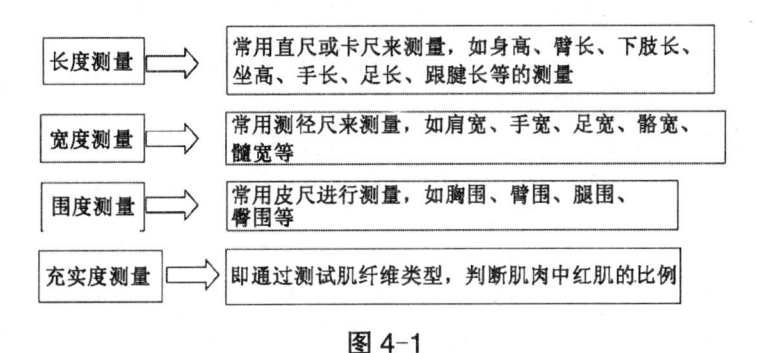

长度测量	⇒	常用直尺或卡尺来测量,如身高、臂长、下肢长、坐高、手长、足长、跟腱长等的测量
宽度测量	⇒	常用测径尺来测量,如肩宽、手宽、足宽、髂宽、髋宽等
围度测量	⇒	常用皮尺进行测量,如胸围、臂围、腿围、臀围等
充实度测量	⇒	即通过测试肌纤维类型,判断肌肉中红肌的比例

图 4-1

(2) 体型预测法

体型预测法的预测项目包括身高和体宽。预测身高主要是通过父母身高预测子女未来成人时的身高,用青少年身高预测其未来成人时的身高,用青少年肢体发育长度预测其未来成人时的身高,在判断青少年发育程度的基础上预测其未来身高。

体宽预测主要通过对不同年龄段的体宽指标占成人体宽的百分比来计算。

(3) 体型评价法

体型评价法即评价体型的外在特征和体型指数,多用于评价身体的胖瘦、高低及身体各部分的比例等。

4. 测试竞赛法

测试竞赛法就是以考试、竞赛的形式甄选人才。该法公平公正、简单直观,但不够全面,因此通常只用于大规模的初级人才选拔。测试竞赛法又可细分为目测法、公平竞赛法和考试问卷法。

(1) 目测法

目测法即测评者根据自身经验、知识水平,以目视进行选材。通过目测,可以初步了解、认识具有一定体育基础的青少年的外形特征和一般体育能力。

(2) 公平竞赛法

公平竞赛法即遵照一定的规章制度,以同等条件公平竞争,裁判出优胜者,最终加以录用。该法适用于各种规模、各种形式和各种级别的竞赛,能对被选者的各种利弊条件进行全面分析,最终选拔出成绩优异且具有发展潜力的人才,并加以重点培养。因此,公平竞赛法的选拔结果比较准确,成为选拔运动人才最常见,也是最有效的方法。

(3) 考试问卷法

考试问卷法即以答卷、问答以及难题求解等方式选拔人才。各种考试如文化课考试、专业理论和技术考试都可以测出被选者的基础知识和智力水平,以及运动技术、分析和解决问题的能力。而通过专业的学习和训练,可以使被选者快速成长为优秀的篮球运动人才。该方法应用起来比较严格,选拔的条件公平合理,因此选拔的结果比较准确。

5. 机能选材法

机能选材法一般以运动员生理机能的测评结果为依据,进而选拔出优秀的运动员苗子。常用的测评指标主要有心血管系统机能和呼吸系统机能。

6. 心理选材法

心理选材法即运用现代心理学的理论,测评被选者的心理素质方面,从而选拔出优秀的运动员后备人才。心理选材法的测评内容包括个性心理特征测评和心理能力测评。

（1）个性心理特征测评

个性心理特征测评项目包括性格、气质、兴趣、能力、神经类型、意志品质等方面。各种个性测试量表、运动员专项个性测试量表是常用的测评工具。

（2）心理能力测评

心理能力测评的项目主要包括注意力、记忆力、反应能力和判断能力等。

7. 身体素质选材法

身体素质选材法即测评被选者的身体素质，从而决定取舍。身体素质的测评指标一般包括：握力、背肌力、腿力、引体向上、俯卧撑、仰卧起坐、屈臂悬垂、纵跳、跳远、体后屈等。

8. 技能选材法

技能选材法即运用科学的诊断、经验判断，分析、评价被选者的技术和战术能力，从而选拔出优秀运动员苗子。该法通常运用于中级选材过程。

9. 综合考查法

综合考查法即对被选拔者进行摸底预测，分析其综合信息，最终选拔出优秀的后备人才。该方法选拔客观，能对被选者的整体情况进行全方位的考查，但操作复杂，要花费很大的精力和财力，一般只适用于选拔少量的中高级人才。综合考查法又可细分为训练观察法、信息跟踪法和摸底预测法。

（1）训练观察法

训练观察法即以运动训练形式对被选者运动能力进行考察。被选者是否适合从事运动训练，能否成才，通过训练观察可以得到可靠程度较高的判断，如可以观察到被选者的运动素质、心理素质、思想品质、作风、对运动的感受和接受能力等。

（2）信息跟踪法

人才的有关信息不是孤立的、封闭的，它总是不断与外界发生交换。从信息论的角度看，发现青少年篮球人才的过程，就是对其相关信息进行收集、整理、分析和判断的过程。

（3）摸底预测法

摸底预测法即以目标人才应有的素质要求为依据，测定较大面积应选人员的有关指标，从而预测出其未来的发展潜力。应用摸底预测法需要有科学的理论为指导，要有相关专家的配合，要有专门的仪器进行预测，因此应用摸底预测法的难度较大，但被选出的篮球运动员成材率较高。

总之，青少年篮球人才的选材方法有很多，为提高选材的效率和准确性，需要根据实际情况选用多种方法。

二、选材的步骤及内容

青少年篮球人才的选材过程从初选到最后确定，一般需要持续两至三年甚至更长的时间。但如果是较短的时间内就做出选择，一般是因为人才极为短缺，或者是急需补充后备力量。青少年篮球人才的选材工作可分为初级选材阶段和专业选材阶段。

（一）初级选材阶段

初级选材阶段具体又分为初选、复选、终选这三大阶段。

1. 初选

初选阶段是培养优秀篮球运动员的早期阶段，它对今后培养出优秀篮球运动员的多少与优劣有直接影响。初选阶段的工作内容包括准备工作、测试内容、发育程度的鉴别、年龄选择、家系调查、体格检查、整理数据和评价指标。

（1）准备工作

准备工作包括制订初试方案、评定、录取。

应制订详尽的选材实施方案和计划，使选材工作能够有目的、有组织、有计划、有步骤地进行。其具体内容主要包括以下几点：

第一，明确培养目标，明确挑选的人数、年龄以及最终要达到的水平。

第二，确定选材的地区和单位。

第三，制订测试表。

第四，设定报名时间、地点、方法、测试时间与地点。

第五，制定报名表，填写报名表等。

第六，确定参加测试人员名单，分配好测试工作，确定实施测试办法。

第七，配合选材进行宣传，计划好宣传的内容、方式、方法。

总之，整个测试项目应安排得科学、合理，以便准确测出所选对象的真实状况和水平，减小误差。

测试后，要对所选对象各方面情况进行全面、综合的评定，确定试训名单，报上级审批。领导审批后，发出试训通知，并办理有关手续。最后，充分利用各方面的力量紧密合作，广泛听取相关各方的意见，录取对象。

（2）测试内容

初选阶段的测试内容主要包括身体形态、生理功能和身体素质。

（3）发育程度的鉴别

初选阶段发育程度的鉴别方法主要有拍摄骨龄片和利用第二性征出现的顺序。

（4）年龄选择

青少年篮球人才的选材还讲究年龄的选择，因为项目不同，对选材年龄的要求也不同。例如，一些项目对运动员的速度、爆发力、协调性要求较高，且该项目技术动作较复杂，那么它的初选工作需提前一点；而一些项目对运动员的力量要求较高，且该项目技术比较简单，那么它的初选工作就可以适当往后推迟一些。

（5）家系调查

实践证明，遗传因素对运动能力有很大影响，因此，首先要进行选材对象的家系调查。具体内容应该包括以下几方面：

第一，了解初选对象家系的形态特征，如身高、体重、体型、身体健康水平,以及是否患急、慢性疾病等情况。

第二,了解初选对象家系的运动能力与兴趣爱好。

第三,调查初选对象的出生情况,如初选对象出生时是否顺产、难产还是早产,出生时是否患病,是否有体质弱的现象;初选对象孕育期母亲的健康水平如何等。下列为运动员家系调查表(表4-1)和运动员健康状况登记表(表4-2),以供参考选用。

表4-1 运动员家系调查表

姓名:　　　性别:　　　出生年月日:

专项教练员姓名:　　　从事业余训练开始时间:

与运动员的家庭关系	父亲	母亲	祖父	祖母	外祖父	外祖母	兄弟	姐妹
身高(厘米)								
体重(千克)								
体型倾向(胖、稍胖、结实、瘦、特瘦)								
性格(内向、外向、中间型)								
怀孕时父母亲的年龄(周岁)								
母亲怀孕期间的健康状况								
父母职业和职务								
父母文化程度								
兴趣爱好(限填体育或文艺)								
母亲月经初潮年龄(周岁)								
健康状况(是否患过急慢性疾病)								

第四章　青少年篮球人才培养之实操体系的构建

表 4-2　运动员健康状况登记表

出生情况：第（　）胎	脊柱生理弯曲：□正常　□前屈　□后屈
□顺产　□早产　□剖腹产　□钳产	胸廓形态：□正常　□鸡胸　□桶胸　□漏斗胸
出生时的健康状况：	两侧肩、髂是否对称
出生时身高（　）厘米；体重（　）千克	肘关节有否过伸（伸直程度）
第（　）个月开始出现乳牙	下肢是否呈 X 型腿或 O 型腿
（　）岁开始换牙	膝关节有否过伸（伸直程度）
有否患过急、慢性疾病或传染病：	足弓扁平情况：
备注：	
说明：	

　　　　　　　　　　　　　　　　　填表人：　　　填表日期：

（6）体格检查

初选阶段的体格检查为一般的常规检查，主要是检查身体形态、心血管系统和呼吸系统的功能、肝功能、血常规、尿常规等有关指标和个人病史等。体格检查的目的是了解选材对象的一般健康情况和发育水平，检查有无影响运动能力和技术发展的疾病和缺陷。体格检查是初选运动员的健康依据，也为进一步筛选（复选）提供依据。体检资料应该归档保存。

（7）整理数据

选材指标测试后所得到的数据，一定要做好数据的整理、输入和统计工作，并及时反馈给教练员和上级业务训练主管部门。

（8）评价指标

评价指标主要包括评价发育程度指标、单项指标和综合指标。

对发育程度指标进行评价，判断被选对象发育是否正常、早熟还是晚熟。通过单项指标的评价，可以分析被选对象的优势和弱势。综合指标评价则是对被选对象的形态、功能、专项、素质等各大类选材指标进行一个总的评价。

2. 复选

复选阶段以初选工作为基础,通过试训进一步筛选。测试内容与初选时是一致的,但其测试指标更细、更具体、更深入,从而初步确定可以进行系统训练的运动人才,挑选具有运动潜力和发展前途的运动员。复选阶段具体内容如图4-2所示。

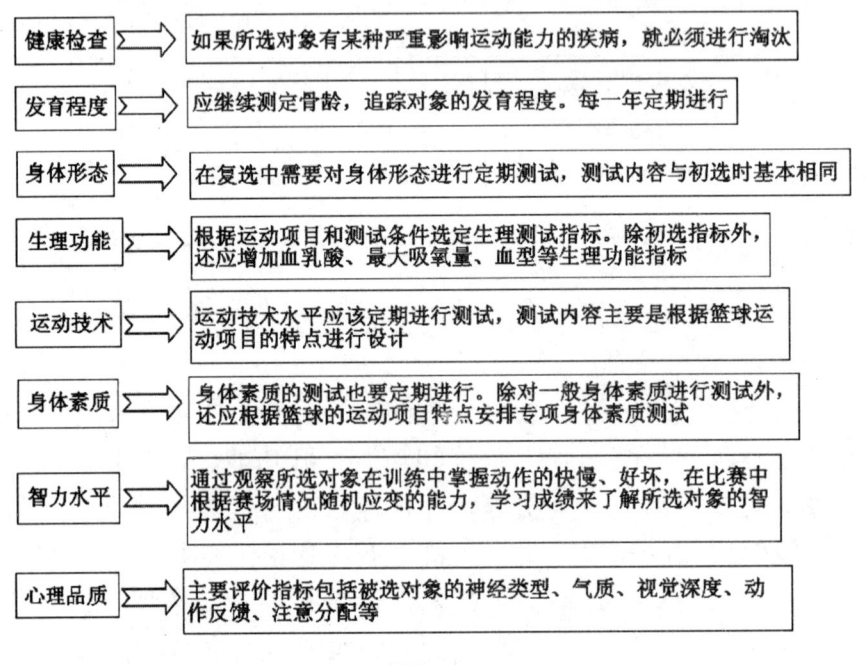

健康检查 ⇒	如果所选对象有某种严重影响运动能力的疾病,就必须进行淘汰
发育程度 ⇒	应继续测定骨龄,追踪对象的发育程度。每一年定期进行
身体形态 ⇒	在复选中需要对身体形态进行定期测试,测试内容与初选时基本相同
生理功能 ⇒	根据运动项目和测试条件选定生理测试指标。除初选指标外,还应增加血乳酸、最大吸氧量、血型等生理功能指标
运动技术 ⇒	运动技术水平应该定期进行测试,测试内容主要是根据篮球运动项目的特点进行设计
身体素质 ⇒	身体素质的测试也要定期进行。除对一般身体素质进行测试外,还应根据篮球的运动项目特点安排专项身体素质测试
智力水平 ⇒	通过观察所选对象在训练中掌握动作的快慢、好坏,在比赛中根据赛场情况随机应变的能力,学习成绩来了解所选对象的智力水平
心理品质 ⇒	主要评价指标包括被选对象的神经类型、气质、视觉深度、动作反馈、注意分配等

图 4-2

定期对身体形态、身体素质、运动成绩等方面进行测算。其测算公式为:

$$T=\frac{100(TT_2-TT_1)}{0.5(TT_1+TT_2)}\%$$

其中,T 为增长速度;TT_1 为原始值;TT_2 为经一年或两年以后的终值。以运动成绩为例,根据第1.5～2年运动成绩的增长速度,预测出以后4～4.5年的运动成绩,并进行综合评价。要注意发育程度对运动成绩增长速度的影响,有时运动成绩增长速度快是由于身体发育加速造成的,而早熟型的人的运动成绩难以持久高增长速度。

第四章 青少年篮球人才培养之实操体系的构建

3. 终选

终选阶段是初级选材的最终阶段，也称定向阶段。这个时期的主要任务是通过专门设计的训练和各种运动竞赛，全面观察被选对象初选、复选阶段的所有评价指标，对其运动能力和发展水平作出准确的预测，最后选定专项。以特定专项为指标，预测出具有发展前途的运动员，选拔出来以继续参加训练。

（二）专业选材阶段

专业选材要求选材工作者对青少年篮球运动员的运动能力进行深入的研究，准确评定青少年篮球运动员的训练水平和发展潜力，预测其将来的运动成绩，把达到优异成绩的青少年篮球运动员选进专业运动队。

专业选材阶段可分为初选和决选这两步。

1. 初选

初选工作往往在省、市体校教练员的大力支持下进行，并且容易获得青少年篮球运动员相关详尽的材料，对初级训练期间青少年篮球运动员的诸多指标的数据及分析、评价情况应有备案。继续综合分析各种相关材料，预测青少年篮球运动员可能达到的运动水平，将条件优异者选入专业队加试。

专业选材的初选是初级选材阶段中终选的继续和深入，而其选材内容与复选阶段也是基本一致的，但属于精选阶段。在精选阶段，更注重的是青少年篮球运动员专项技术水平及提高速度，甄选出运动技术水平高的青少年篮球运动员，让其投入更高级的运动训练。在青少年篮球运动员选材的实践中，只有通过科学选材，提高青少年篮球运动员成功的概率，缩短培养周期，抓住对将来创造优异成绩起决定作用的主要因素，才有可能挑选出最优秀的篮球运动后备人才。

2. 决选

决选基本是选材工作的最后一环，此时甄选出的青少年篮球运动员已经达到一线水平。在决选阶段，选材工作者与教练员通过各种手段与方法对青少年篮球运动员进行试训和考察，对其进行更加深入、科学的综合分析，录取具有优异的发展潜力和良好训练水平的青少年运动员，培养其为专业的篮球运动员。

总之，在青少年篮球运动员选材的每一个阶段，都应该具备测试的合理性、客观性和可靠性，以选拔出最优秀的篮球运动员后备人才。

三、我国青少年篮球运动员专项选材指标的构建

（一）我国青少年篮球运动员身体素质指标的构建

身体素质是运动的基础，是青少年篮球运动员为完成篮球运动过程中技、战术必须具备的专门运动素质，具体包括力量、速度、耐力、弹跳、灵敏、柔韧等方面的素质。身体素质发展的好坏对青少年篮球运动员竞技能力的提高有直接的影响。对此，我们应对专项选材指标进行科学的设计，使青少年篮球运动员身体素质的发展真正专项化，进一步构建出专项选材身体素质结构体系。其中，速度素质、耐力素质、弹跳素质是青少年篮球运动员身体素质中最为基本的素质，并针对青少年不同年龄段提出了具体的不同的测试内容，在评价青少年男女篮球运动员专项选材质量方面，其可靠性较佳。我国青少年篮球运动员各年龄段身体素质类初选指标如表 4-3 所示。

表 4-3 我国青少年篮球运动员各年龄段身体素质类初选指标[1]

年龄段	测试指标	测试意义
9～10 岁	全场 3/4 加速跑	测试篮球运动员模拟比赛场上加速跑与快速冲刺的能力
	15 米 ×5 次折返跑	测试篮球运动员在比赛过程中速度耐力的能力

---

[1] 刘兴刚. 我国青少年篮球运动员专项选材指标及评价标准的研究. 首都体育学院硕士论文，2013

第四章 青少年篮球人才培养之实操体系的构建

续表

年龄段	测试指标	测试意义
11～12岁	原地双脚跳双手摸高	测试篮球运动员腿部肌肉的爆发力及协调能力
	全场3/4加速跑	测试篮球运动员场上最快速度能力
	15米×9次折返跑	测试篮球运动员在比赛过程中速度耐力的能力
13～14岁	原地双脚跳双手摸高	测试篮球运动员腿部肌肉的爆发力及协调能力
	全场3/4加速跑	测试篮球运动员模拟比赛场上的最快速度与快速冲刺的能力
	15米×13次折返跑	测试篮球运动员在比赛过程中速度耐力的能力
15～16岁	助跑单脚跳摸高	测试篮球运动员腿部肌肉的爆发力及协调能力
	全场3/4加速跑	测试篮球运动员模拟比赛场上的最快速度与快速冲刺的能力
	15米×17次折返跑	测试篮球运动员在比赛过程中速度耐力的能力
	助跑单脚跳摸高	测试篮球运动员腿部肌肉的爆发力及协调能力
17～18岁	全场3/4加速跑	测试篮球运动员模拟比赛场上的最快速度与快速冲刺的能力
	15米×N次折返跑	测试篮球运动员在比赛过程中速度耐力的能力
	助跑单脚跳摸高	测试篮球运动员腿部肌肉的爆发力及协调能力

在表4-3中，全场3/4加速跑主要是用来评价篮球运动员在篮球场上的反应速度、起动速度。速度素质因性别差异而不同，男性一般快于女性，在青少年阶段，速度一般会随着年龄的增长而增快，但在女16岁、男17岁以后则增长减慢甚至停止。[①]

15米×N次折返跑主要是用来评价青少年篮球运动员速度耐力的能力，与国际测试耐力方法相接轨。

原地双脚跳双手摸高、助跑单脚跳摸高主要用来评价青少年篮球运动员弹跳能力及下肢腿部肌肉爆发力。

（二）我国青少年篮球运动员专项技术指标的构建

篮球技术是运动员在场上比赛的核心，其包括移动动作、

---

① 胡亦海.竞技运动训练理论与方法.武汉：湖北人民出版社，2005

控制支配球动作和争夺球动作，这些动作还可以进行各种各样的组合，以形成动作体系。① 对此，我们应该根据专项特点全面发展青少年篮球运动员的基本技术，严格要求其技术动作的规范化，为其今后的发展打下坚实的基础。因而，在设计青少年篮球运动员选材专项技术测试内容时，应充分考虑篮球专项技术的结构体系。我国青少年篮球运动员各年龄段专项技术类初选指标如表4-4所示。

表4-4 我国青少年篮球运动员各年龄段专项技术类初选指标②

年龄段	测试指标
9～10岁	左右手运球行进间高、低、双手投篮
11～12岁	0°、45°、90°五步后退投篮
	左右手运球行进间高、低、双手投篮
13～14岁	全场多点综合传接球
	全场综合运球上篮
	1分钟自投自抢投篮
	0°、45°、90°五步后退投篮
15～16岁	全场多点综合传接球
	全场综合运球上篮
	1分钟30秒自投自抢投篮
	0°、45°、90°七步后退投篮
17～18岁	全场多点综合传接球
	全场综合运球上篮
	1分钟30秒自投自抢投篮
	0°、45°、90°七步后退投篮

在表4-4中，左右手运球行进间高、低、双手投篮主要是用来评价青少年篮球运动员强、弱侧手行进间投篮能力与准确性。

0°、45°、90°五步后退投篮主要是用来评价青少年篮球

---

① 孙民治.现代篮球运动教训与训练.北京：人民体育出版社，2003
② 刘兴刚.我国青少年篮球运动员专项选材指标及评价标准的研究.首都体育学院硕士论文，2013

运动员投篮时从持球到球出手后手型的准确性、稳定性与上下肢的协调性。

全场多点综合传接球主要是用来评价青少年篮球运动员行进间传接球的能力与快速反应支配球能力。这可以有效地测出青少年篮球运动员在高强度比赛状态下的传接球能力。

全场综合运球上篮主要是用来评价篮球运动员在快速行进间控制球的能力与运球突破上篮技术。

1分钟和1分钟30秒自投自抢投篮主要是用来评价青少年篮球运动员行进间运球后快速投篮的准确性。

第二节 青少年篮球队伍的建设

从世界竞技体育的竞争实践来看，只有雄厚的、高质量的后备人才，才能使自己的竞技水平处于领先地位。在我国，篮球运动素来受到广大青少年的喜爱，如果施以正确的政策引导，有计划地给予财力支持，就可以极力地促进我国篮球运动快速、健康地发展。

一、青少年篮球队伍的扩大

扩大青少年篮球队伍，可以为后备人才培养奠定坚实的基础。对此，可从以下几方面入手。

第一，建立、健全青少年篮球队伍的基础训练体制。具体而言，牵头的应为中国篮球协会、篮球学校、体育运动学校，基础不能脱离传统项目学校，同时把单位、业余体校的作用充分发挥出来，以形成一条龙训练体制，从中发现、挖掘、培养青少年篮球运动员，把其培养成篮球运动骨干，充实后备力量。

第二，体育体系与教育系统不能分离，应进行有机的结合，从而建立起这样一个篮球运动人才培养体系：大学为龙头、中学为重点、小学为基础。

第三，鼓励社会各种力量从资金、人力方面兴办篮球学校、篮球俱乐部，从而把培养青少年篮球队伍的渠道进一步拓宽开来。

第四，鼓励社会各种力量在利用节假日和青少年业余时间举办各种篮球运动，并努力促使其常规化，如青少年篮球训练班、青少年篮球运动夏令营等。

第五，建立合理的篮球竞赛制度，举办丰富多彩的青少年篮球比赛。

第六，完善教练员岗位培训制度，提高其训练水平；提高其文化层次、学历结构、自身的运动经历、执教经历、职业道德水平；定期对教练员进行理论培训，并选送一些具有较大发展潜力的教练员去发达国家学习先进的经验；还应加强教练员之间的交流和沟通，分享训练经验。另外，还可以聘请一些国外知名的经验丰富的教练来辅助我国的教练进行训练。要注意理论与训练的紧密结合，提高教练员的科研能力和实际技术操作能力。

第七，应该加大政府对青少年篮球后备人才培养的资金投入，多建立一些以体教结合为目标的篮球基地和篮球学校。另外，还应规划出一定的经费引进西方先进的训练手段、训练器材以及医疗设施，以保证我国青少年篮球后备人才的训练质量。

二、青少年竞技篮球人才的培养

青少年代表着国家的未来，因此国家篮球运动的发展需要充实后备人才，必须坚定青少年竞技篮球人才在我国篮球发展中的根基作用。

青少年竞技篮球后备人才的培养是一个系统工程，需要多个因素综合作用。对此，应该从科学发展观出发，以一种全局的眼光、发展的视角去认真审视、重视我国青少年竞技篮球人才的培养，以落实"全面、和谐、可持续"的科学发展观，积极促进青少年竞技篮球人才培养向良性发展。科学发展观是我国青少年竞技篮球人才培养必须坚持和贯彻的根本指导思想。

第三节　青少年篮球基地的建设

我们不但要从软件方面加强青少年篮球队伍的建设，还要从硬件方面加强青少年篮球基地的建设，以保证青少年篮球人才培养质量，促进其水平的提高。

一、青少年篮球训练基地建设现状

篮球训练基地必须具有一定的训练、科研、生活等物质技术条件，应以提高运动技术水平为目的。青少年篮球训练基地建设对培养青少年篮球人才的影响非常重要。以下就青少年篮球训练基地的情况进行分析，以反映青少年篮球训练基地建设状况。

第一，国家体育总局分别于2000年和2004年两次命名15座城市和地区作为"篮球城市"（表4-5），这为培养青少年篮球人才营造了较好的篮球运动氛围。

表4-5　我国"篮球城市"分布

省/直辖市	城市/区
辽宁	丹东市
	阜新市
吉林	长春市
上海	徐汇区
	卢湾区
江苏	常熟市
	丹阳市
浙江	诸暨市
福建	莆田市

续表

省／直辖市	城市／区
河南	焦作市
	济源市
广东	深圳市龙岗区龙岗镇
	东莞市
河北	保定市
山西	太原市

第二，国家还建设、布局了国家篮球训练基地、全国青少年篮球训练基地（表4-6）。这为高水平的青少年篮球训练提供了良好的训练场地、器材等物质技术条件。篮球训练基地实行封闭或半封闭式训练，为青少年篮球运动员的强化管理提供了根本保证。

表4-6 我国篮球训练基地分布一览

基地级别	基地名称
国家训练基地	南安国家篮球训练基地
	天都国家篮球训练基地
	北仑国家篮球训练基地
	济源国家篮球训练基地
青少年训练基地	海口国家青少年篮球训练基地
	宝塔山中学国家青少年篮球训练基地
	中国CBO青少年篮球珠海训练基地
	焦作篮校国家青少年篮球训练基地
	福建沃体育用品有限公司
	大石桥青少年篮球训练基地
	蒋王中学青少年训练基地
	南宁职业学校
	青岛得利丰维修学校

第四章　青少年篮球人才培养之实操体系的构建

第三，由于得到了国家体育总局和各级地方政府的大力支持，中国篮球协会也先后建立了一批青少年篮球训练重点基地，这非常有利于引导篮球运动在青少年人群中的广泛开展，并且能有效激发青少年对篮球运动的兴趣和热爱，增强青少年篮球运动团队的合作精神、集体荣誉感。随着改革的不断深化，青少年篮球训练基地建设将得到进一步的发展。

第四，当前，我国众多的青少年篮球训练基地已经发展成集训练、竞赛、教学、培训、服务和培养体育后备人才为一体的多功能综合性的新型基地。这里主要以国家篮管中心命名的26个少年篮球训练重点单位的地域分布情况为例（图4-3），大致分析青少年篮球训练基地的基本情况。

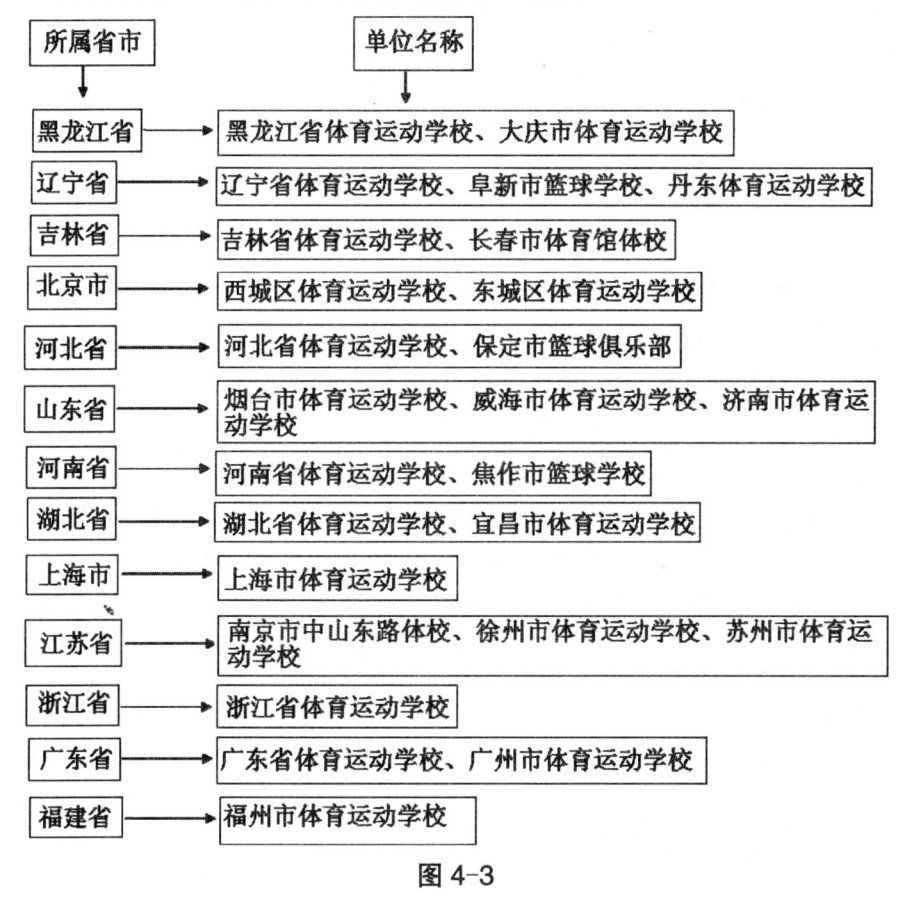

所属省市	单位名称
黑龙江省	黑龙江省体育运动学校、大庆市体育运动学校
辽宁省	辽宁省体育运动学校、阜新市篮球学校、丹东体育运动学校
吉林省	吉林省体育运动学校、长春市体育馆体校
北京市	西城区体育运动学校、东城区体育运动学校
河北省	河北省体育运动学校、保定市篮球俱乐部
山东省	烟台市体育运动学校、威海市体育运动学校、济南市体育运动学校
河南省	河南省体育运动学校、焦作市篮球学校
湖北省	湖北省体育运动学校、宜昌市体育运动学校
上海市	上海市体育运动学校
江苏省	南京市中山东路体校、徐州市体育运动学校、苏州市体育运动学校
浙江省	浙江省体育运动学校
广东省	广东省体育运动学校、广州市体育运动学校
福建省	福州市体育运动学校

图4-3

从图4-3来看，我国青少年篮球训练基地可分为三个层次：较为完整的为第一层次，主要分布在黑龙江、吉林、辽宁、山东、河北，这五省拥有多个全国青少年篮球重点训练单位，并且在青少年篮球训练工作的开展方面也做得很好，是我国青少年篮球后备人才的主要基地；第二层次的训练单位比第一层次的队伍、基地建设稍差，主要分布在北京、上海、河南、江苏、广东、湖北、福建等；第三层次的训练单位更为薄弱，主要分布在中西部。

我国幅员辽阔，沿海、内地和边疆之间的经济发展水平的差异很大，导致我国青少年篮球后备人才培养和篮球训练基地发展不平衡。

二、青少年篮球场地的规格与建设

（一）篮球场地的基本规格

1. 篮球比赛场地规格

篮球比赛场地应是一块长28米、宽15米的长方形硬质地面，而且要平坦无障碍物（图4-4）。其尺寸从界线的内沿丈量。

2. 篮球场地的后场与前场

（1）后场的组成部分包括该队本方的球篮、篮板的界内部分，本方球篮后面的端线、两条边线和中线所界定的部分。

（2）前场的组成部分包括对方的球篮、篮板的界内部分，对方球篮后面的端线、两条边线和距离对方球篮最近的中线内沿所界定的部分。

图 4-4

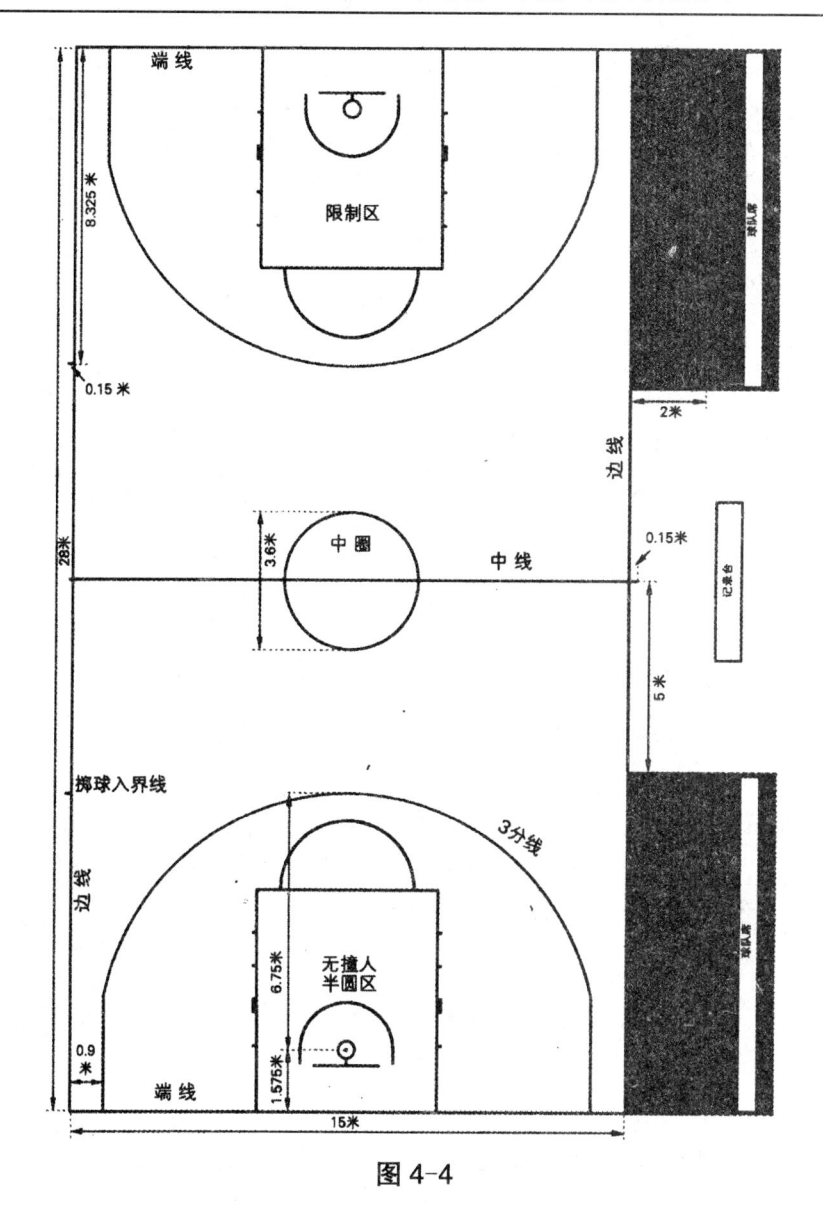

3. 篮球场地上的线

篮球场地所有的线应用宽 5 厘米的白色线画出，要求清晰可见。篮球场地的线包括界线、中线、罚球线、掷球入界线，以及划分限制区、罚球区、中圈、三分投篮区的线。

（1）界线

比赛场地由两端和两边的线限定组成，这个线就叫界线。长边的界线叫边线，短边的界线叫端线。球场界线距观众等障碍物至少 2 米。

（2）中线

中线是后场的一部分，它从边线的中点画出来，并平行于端线。中线向每条边线外延伸的长度为 0.15 米。

（3）罚球线

罚球线是篮球场地上的一根平行于篮板的直线，应与每条端线平行，3.60 米长。从端线内沿到罚球线的最外沿应是 5.80 米。

（4）掷球入界线

掷球入界线应画在记录台对侧、比赛场地外的边线上，0.15 米长，其外沿距离最近端线内沿为 8.325 米。

（5）限制区

从罚球线两端画两条线，到达端线中点的地方即限制区。

（6）罚球区

以罚球线中点为圆心，向限制区外所画出的半圆区域为罚球区。罚球区的半径为 1.80 米。罚球的时候，球员的位置区为罚球区两旁。

（7）中圈

中圈，顾名思义，就在球场中央画的圆圈，其半径为 1.80 米，且要从圆周的外沿丈量。

（8）三分投篮区

某队的三分投篮区域是除对方球篮附近之外的整个比赛场地的地面区域，但是还要有一定的条件限制，如下：

第一，分别距边线 1.25 米，从端线引出两条平行线。

第二，半径为 6.25 米（量至圆弧外沿）的圆弧（半圆）与两平行线相交。

第三，圆心距离端线中点的内沿是 1.575 米，且该圆弧与两平行线相交。

（二）篮球场地建设的基本要求

篮球场地大致分为以下几类，其具体的建设要求会有所不同。

1. 三合土篮球场地

以校园规划为依据，选定相应的地块，按照下列方法进行建设。

（1）首先要向下挖掘，深度为25厘米左右，然后取出的泥土碾压至密实度达95%以上。

（2）依次铺设三层材料，具体如表4-7所示。

表4-7　三合土篮球场的铺设

层次	材料	操作
第一层：底面	碎砖块或片石	铺设完材料后用轻一些的压路机压一次
第二层：中层	煤渣或直径2~3厘米的石子	铺设完材料后，用磙子压平，并考虑设置3‰~5‰的降水坡度
第三层：表面层	捣碎的沙土、黏土、熟石灰等	铺设完材料后，要不间断进行磙压工作

需要注意的是，第三层以第一层和第二层为基础层，压实后，厚度应保持在20厘米。所有工作要求在一天之内完成。

三合土篮球场的优点是弹性、渗透性都很不错，因此能减少运动损伤，而且所花费的成本也比较低，比较适合办学条件较差或一般的学校。

2. 水泥篮球场的建设

在选定和测量好的地段，按照下列步骤进行篮球场地的建设。

（1）向下挖掘30~36厘米深，将泥土全部取出，原土碾压至密实度达到95%以上。

（2）依次铺设三层材料，具体如表4-8所示。

表 4-8　水泥篮球场的铺设

层次	材料	操作
第一层	碎砖块或大片石	将材料铺平，并用重的压路机碾压
第二层	粗沙、筛过后的小片石子	用材料铺隔离层，以防止水泥浆向下渗透
第三层	粗沙和水泥搅拌的混凝土	将材料搅拌均匀，按一般施工要求进行正常铺设
第四层	细沙和水泥	将材料搅拌均匀，在最上面抹面层

需要注意的是，铺设表面层要一次性完成，要平坦，但又要考虑设置一定的坡度（3‰为佳）。为保证场地的牢固性，等面层稍加凝固后，还须多次浇水养护。

水泥篮球场经久耐用，便于保养和管理，因此适用于大多数办学条件较好的学校。

3.塑胶篮球场的建设

塑胶篮球场地最具代表性的是丙烯酸面层球场。这种球场的全部表面层都涂上丙烯酸，划分区域的时候用鲜艳的颜色，如绿或红、黄与红、蓝或红，并喷漆白线。丙烯酸篮球场属硬质场地，它的优点是弹性好，耐磨性很强，由于所使用的线色彩鲜艳，因此也比较安全、平整等，适用于各种人群的篮球运动，受到各个国家的广泛认可。

4.室内木地板篮球场的建设

室内木地板篮球场主要出现于高级体育馆，普及性较差。首先，基础层将原土压实，然后按水泥混凝土或粗沥青铺设要求进行施工，然后再铺设表面层。在铺设表面层时，先铺设木龙骨，要求龙骨之间的距离应小于或等于30厘米，细煤渣或干沙为填充物，以便吸潮，减少运动时地板发出的噪音。铺设的硬质木板为浅色，较佳的木材为榆木、槐木、柳枝木或水曲柳等。

第五章　青少年篮球人才体能与心理能力的培训

青少年篮球人才高超的竞技能力来源于良好的篮球基础能力训练。在篮球运动中，体能训练、心理能力训练是篮球运动基础能力训练的重要内容。本章主要对青少年篮球人才体能与心理能力的培训进行详细分析，旨在为青少年篮球人才专项战术的训练和提高奠定坚实的基础。

第一节　体能与心理训练概述

一、体能训练概述

（一）体能训练的概念

为使体能训练得以顺利开展，首先要对体能训练的概念有一个清楚的认识。对于这一概念，学界众说纷纭，尚未形成定论。

我国体育学界认为，体能训练是指运用各种身体训练手段，全面改善运动员的身体形态、提高机体机能和发展运动素质及健康素质，以提高运动员机体对练习负荷和比赛负荷适应能力的训练过程。概括来说，体能训练就是一种包含身体形态、身体机能、运动素质等多方面内容在内的身体训练。其中，身体形态主要是指人体的内外部形状；身体机能是指机体各器官系统的功能，它是身体活动能力的基础；运动素质是指机体在中枢神经系统控制下，在运动时所表现出来的各种基本运动能力。身体形态、机能、素质作为构成体能的三个因素，彼此之间既是相对独立的，又有着密切的联系。其中，身体机能属于内在表现，身体形态和运动素质属于外在表现。过于侧重某一项都不会达到理想的体能训练效果，因此要做到内外结合。

由于人与人之间有着不同的遗传基因，而且后天的成长环境也各不相同，因此青少年篮球人才的体能状态也具有一定的差异性。这种差异并不可怕，通过后天有针对性的和系统的训练，能够使人与人之间先天的身体素质差异逐渐缩小。一个体能素质较差的篮球运动员经过不间断的、认真的体能训练，一段时间后，其自身的体能素质是可以得到提高的。对于运动员来说，他们通常会在运动训练和比赛的特定环境中，承担超常的运动负荷和极度紧张的心理压力，因此，除了要使身体形态、身体机能和运动素质维持在一般的水平上，还应在机体正常的生理范围内开发出其最大的潜力，甚至需要挑战生理水平的极限。

体能训练主要是为了在运动训练中运用各种有效的方法，不断提高运动员的运动、心血管等与运动紧密相关的系统机能水平和身体形态，进而为专项运动素质的充分发展奠定基础。

（二）体能训练的理论基础

1. 生物学基础

体能训练之所以能够被广泛运用到各个体育运动项目中，主要是因为其是以生物适应性原理为依据进行的。所谓生物适应性，是指有机体与外界不断取得平衡的过程。体能训练也正是利用了这一生物特性，通过不断打破已经平衡的生物状态，使其与更高的体能状态相平衡，进而达到提升运动员体能水平的目的。另外，体能训练的生物学基础还具有普遍性、连续性和异时性，这同时也是体能训练效果和训练方法设计的重要依据。具体分析如下：

（1）普遍性，是指有机体各器官系统对任何种类、任何形式的外界刺激会产生不同性质的适应性反应。

（2）连续性，是指有机体对各种刺激产生的适应性是一个连续的过程。

（3）异时性，是指一次外界刺激使有机体产生的适应性变化需要一定的时间，不同的刺激产生生物适应现象所需要的时间不同。

生物适应以及其固有的特征为体能训练的有效性、体能训练过程的连续性、体能训练内容的针对性提供了生物学基础。

2. 训练学基础

训练学基础主要体现在训练内容的多样性、内容间的联系性以及层次性。运动员本身的体能包含身体形态、机能、运动素质等多种因素，这些因素既彼此独立又相互影响，而每一种体能因素的内部结构都具有鲜明的层次性。身体运动能力的高低除了受到遗传因素和体能状况的影响外，还受多种因素的影响，这些因素的发展水平同时又受到其他因素影响，它总体表现出一种层层影响的状态。以篮球运动体能训练项目为例，篮球运动员的助跑摸高的高度，主要受到其身高、臂长、红肌纤维比例、速度、力量、协调、起跳技术等多种因素的影响，而力量、速度和协调能力的发展只有分层次、分阶段系统地进行，才能收到良好的训练效果。

综上所述，可以明确了解到体能训练内容的多样性、训练内容相互之间的联系性和层次性。因此，这就要求体能训练过程组织与实施必须具有系统性、阶段性和计划性。

（三）体能训练过程理论

1. 体能训练过程的层级性

充分挖掘运动员身体机能的潜力和最大限度地提高其体能素质是体能训练的两项基本任务。运动员在准备接受一套体能训练过程之前，他自身的体能已经处于一种稳态，而参加体能训练就是想使这种稳态在层级上有所提升，最终在更高的层级中达到一种稳态，即实现体能从起始状态向目标状态的转移。完整的体能训练过程，有着自身的发展规律，是按照一定的结构组织起来的。因此，为实现体能训练的目标，就必须对体能训练过程的基本结构进行正确分析，此外，还要对体能训练过程的基本特征进行深入的研究。

2. 体能训练过程的完整性

一般而言，在一个完整的体能训练过程中，主要包括以下几个步骤。

（1）判断运动员体能的起始状态。这是体能训练过程的起始步骤，同时也是整个训练过程的基础。

（2）建立体能训练目标。体能训练目标包括整体目标和层次目标。体能训练目标的建立能够为体能训练过程确定一个多层次相互联系的体系，它是整个运动训练过程进行的目的，也是对运动员体能训练过程发展的状况做出检查评定的标准。

（3）制定理论设计。理论具有重要的指导意义，理论指导是体能训练过程得以准确、合理进行的保障。因此，要对理论进行精细和缜密的设计。在进行理论设计前，要对运动员的实际体能状态有一个充分的了解，并以此作为确定训练目标以及训练计划的依据。

（4）制定实践设计与实施方案。在理论设计完成并得到肯定评估后，就可以着手设计体能训练的实践环节了。在实施过程中要随时对训练过程进行监督，并对训练效果进行阶段性评价，然后将评定的结果与训练的目标状态进行比较，找出差距，及时对相应的环节进行必要的调整与修正，以求使训练获得满意的效果，达到预定的目标。

二、心理训练概述

(一)心理训练的相关理论

心理训练有广义和狭义之分。广义上的心理训练,是指有目的、有计划地对受训者的心理过程和个性心理特征施加影响的过程;狭义上的心理训练,是指采用特殊手段使受训者学会调节和控制自己的心理状态,进而调节和控制自己行为的过程。

心理训练的最终目的就是使运动员能够更好地适应运动训练和运动竞赛,使运动员能够更好地实现自我动员、自我调节和自我控制。随着时代的发展,在新的形势下,心理训练也被赋予了新的功能,即提高运动员的心理调节能力,使其能够以更积极的心态对待人生,勇敢、从容和巧妙地面对人生中遇到的种种困难。

运动员的心理调节训练应遵循一般技能学习的规律,长期、系统地进行。运动心理技能同时也具有自身鲜明的特征,主要体现在以下两点。

其一,运用环境的特殊性。运动员的心理技能必须运用到具体的比赛中,其运用环境具有一定的特殊性,只有在高强度、高对抗性的条件下,运动心理技能才能充分发挥出来。运动员在比赛过程中需要的心理技能通常包括较高的动机水平、良好的唤醒水平以及较强的自信心等。

其二,运用需要的全面性。运动员参加比赛的环境中有很多不确定的因素,这些因素的变化都会造成运动员心理的波动,从而对比赛造成一定的影响。因此,一名优秀的运动员需要同时具备多种心理技能,这样才能更好地应对比赛中出现的各种突发事件,在比赛中才能有更加出色的表现。

心理训练是现代篮球训练的重要方面,其实质是一种教育过程,能够有意识地、有目的地培养、发展和完善运动员在从事专项运动时所必须具备的各种心理素质和心理品质。它对运动员身体状况的改善，技术、战术水平的提高具有重要的影响，有利于运动员形成专项运动所需要的良好个性心理特征，为达到最佳竞技状态和创造优异成绩奠定良好的心理基础。

心理能力训练能够有效促进最佳心理状态的获得和保持，是运动员赢得胜利的重要条件。所谓最佳心理状态，是指运动员获得优异成绩的最适宜的心理状态，是心理上呈现的最佳竞技状态。在这一状态下，运动员的各项技术动作能够协调完美地进行，各项战术能够得到完美地执行和贯彻，运动员在比赛中表现出充分的灵活性和对比赛的适应性。

心理训练是为了适应现代竞技体育运动而发展起来的，任何竞技运动项目的心理训练都与竞赛有着密切的关系。现代篮球运动的对抗性越来越激烈，这是其发展的必然趋势，而我国篮球运动员的心理训练尚处于一种混乱的发展阶段，运动员的专门心理训练的科学化、合理化进程已刻不容缓。

篮球运动员的心理训练要积极培养其参与运动和比赛的动机，消除与治疗其心理方面的障碍，保证整体训练水平在比赛中得到正常发挥。篮球运动员的心理训练主要包括两个层次：一是意志品质的培养，二是专项心理素质的培养。意志品质主要包括运动员的主动性、自制力、创造性等方面，这是由篮球运动的特点决定的；而专项心理素质则是指运动员在激烈的对抗环境下保持良好的心理状态的能力。

在进行心理训练时，训练的内容应当包括心理过程和个性特征的训练；训练方法要根据运动的特点和个体心理特点来选择合理的方法。

通常情况下，为了在篮球比赛中具备最佳的心理素质，可以通过以下几种篮球心理能力训练获取。

（1）对运动员的专门化知觉、记忆、想象、思维等心智能力进行不断的完善。

（2）进行适应能力训练，并要具有针对性，特别是在比赛环境下的能力训练，使运动员情绪具有一定的稳定性和适宜的兴奋状态。

(3) 使运动员对于进行的技术动作具有很好的自控能力。

(4) 能快速做出准确的时空判断和具备较好的"时机感"。

(5) 具有良好的自我调节和释放压力的能力,调节和消除自己在训练和比赛中的紧张状态。

(6) 具有顽强的毅力,在训练和比赛中为实现既定的目标以及克服困难进行不懈的努力。

(二)心理训练的原则和要求

1. 心理训练的原则

篮球运动员的心理训练必须遵循一定的运动训练规律,这样才能起到应有的训练效果。如果没有科学原则的指导,则心理训练的效果将很难令人满意。因此,在进行相关的篮球运动心理能力训练时,应该遵循以下几点原则。

(1) 自觉性原则

积极良好的态度对于产生良好的训练效果起着决定性的作用,因此,在心理训练过程中,教练员应该向运动员认真地贯彻和讲解心理训练的目的、作用和意义,并认真的说明其所应用的方法和具体的内容,从而使运动员进行自我分析、调节和控制,充分调动其训练的积极性。

(2) 全面性原则

心理训练的全面性原则要求心理训练必须与身体训练和技战术训练紧密结合,同时,在训练时还要与运动员的智能训练进行有机结合。需要注意的是,在训练过程中,心理训练的内容应该包括心理训练的各个方面,即心理过程、心理状态、个性特征等各方面。

(3) 针对性原则

对运动员进行心理素质训练过程中应遵循针对性原则。运动员的心理特点具有较大的差别,心理素质的优缺点也有很大的不同,因此采用有针对性的区别对待,是取得良好的训练效果的保证。

(4) 循序渐进性和重复性原则

心理训练要讲求一定的科学性,既要循序渐进,同时还要做到有规律的重复性。在进行心理训练时,对于运动员的各项要求、标准应该从易到难,形成一个逐步提高的过程。如果练习的难度对于运动员来说比较难,则可能使运动员产生畏惧和退缩的情绪,从而对意志训练造成一定的负面影响。

另外,由于某些心理品质如果中断练习就可能会消失,因此心理训练要反复进行,使运动员的心理品质在反复实践中不断发展和提高。

(5) 持之以恒原则

和体能训练一样,运动员的心理训练也是一项必须长期坚持的过程,只有坚持学习、实践,才能得到巩固和提高。进行两三天的训练是不会产生明显效果的,教练员在训练过程中应该充分认识这条规律,切忌急于求成、急功近利;同时,运动员也必须具有顽强的毅力,只有长期进行心理素质的学习和训练,才能收到良好的效果。

(6) 长期训练和短期训练相结合原则

心理训练既要使运动员在比赛中克服各种心理障碍,同时,还要使运动员形成良好的人生态度和价值观。这就需要在进行训练时,要坚持短期训练和长期训练相结合的原则。长期训练能够对运动员的一般心理训练起到积极的影响,在这一过程中,运动员的各项心理素质能够得到全面的提高;而短期的训练能够使运动员在比赛中具有更好的心理素质,有助于他们应对挑战。两者之间是密不可分的关系,只有将两者很好地结合,才能使心理训练发挥最佳的效果。

2. 心理训练的要求

心理训练是青少年篮球人才训练必不可少的重要组成部分,它不仅能够使运动员的心理过程不断完善,同时还能够使运动员的身体素质和技战术能力得到全面的提高。

（1）结合体能的心理训练

篮球心理训练时应结合体能训练的身体训练来进行。因为，在比赛中，总是伴随着激烈的竞争和身体对抗，并且这一趋势在不断加强，这就要求运动员在激烈对抗的环境下保持良好的心理素质。运动员的体能训练是培养其目标设置以及坚韧、顽强的意志品质最有效的方法和手段。

（2）结合技术的心理训练

技术训练是篮球训练中重要的内容。因此，这种训练在任何时期、任何阶段都要长期进行。篮球技术是运动员能力的重要体现，而技术训练的过程也是提高运动员思维能力和创造能力的过程。青少年篮球人才训练是对专项技术的重要补充，它是为技术训练服务的。在训练过程中，要充分的理解心理素质对技术的完善和发展作用。

（3）结合战术的心理训练

篮球战术训练中包含的最重要的心理训练内容就是思维训练和凝聚力的培养。战术训练和心理训练相互结合不仅能够培养运动员的个人战术意识，同时，对于其集体思维意识和团队配合意识都有一定的促进作用。运动员在比赛过程中的观察、判断和团队配合等各项活动都需要一定的心理参与。

第二节　青少年篮球人才体能素质的提高与训练

要想成为优秀的篮球运动员，必须要在青少年时期就着重多方面的训练，以期为日后的运动进阶打下坚实的基础。篮球运动具有高对抗、快节奏的特点，这对运动员的体能提出了较高的要求。因此，青少年篮球运动员的体能素质训练也就被放到了一个较为重要的位置上。为了满足运动的需要，要对青少年篮球人才进行常规且系统的体能训练。

一、篮球力量素质的提高与训练

(一) 篮球力量素质的种类

根据不同的分类标准,篮球力量素质训练可以分为不同的种类。篮球力量素质主要反映肌肉收缩的最大力量、快速力量和力量耐力。

篮球力量素质的训练在篮球运动中占有首要的位置,力量训练水平的高低会对其他素质的训练产生直接的影响。发展和提高力量素质,可以有效预防肌肉拉伤及运动事故的发生,同时能够保证心理素质、拼搏精神等方面有所提高。总而言之,篮球的力量对篮球运动具有十分重要的作用,是提高比赛成绩的重要保证。

1. 最大力量

最大力量(绝对力量),是指无论体重大小,身体或身体某一部分肌肉克服最大阻力的能力。因为最大力量是随着肌肉的体积的增加而不断提高的。

2. 速度力量

速度力量,是指短时间内肌肉为克服阻力而发挥的强大力量。速度力量是速度和力量相结合产生的特殊力量。通常所说的爆发力就是典型的速度力量。肌肉在运动时克服阻力的过程中,阻力越大,速度越慢。

3. 力量耐力

力量耐力,是指运动过程中能够长时间的保持克服肌肉阻力,并且准确有效的工作的能力。阻力大小会影响运动时间的长短。阻力越小,运动时间就会越长,相反,运动时间就会越短。

以上三种力量素质训练中,最主要的就是要发展速度力量和爆发力,这也是篮球力量素质训练的核心,另外两种力量素质的训练都要围绕这一核心进行。

（二）篮球力量素质训练

1. 一般力量素质训练的方法

肌肉收缩主要表现为离心的退让性收缩、向心的克制性收缩、等动收缩与等长收缩四种形式。前三种肌肉收缩形式属于动力性工作，而等长收缩则属于静力性工作。不同的肌肉收缩形式具有不同的训练方法，一般力量训练主要有静力性力量训练、动力性力量训练、等动训练和超等长训练四种。

（1）静力性力量训练

静力性力量训练又称为等长训练，是一种肌肉在对抗固定阻力过程中产生的力量时，为了避免产生明显的位移和运动的训练方法。在篮球运动训练中，青少年篮球运动员常常采用的静力性力量训练方法是负重半蹲。

（2）动力性力量训练

动力性力量训练又称为等张训练，是一种肌体在等张收缩时所产生的力量使肢体产生位移，从而使人体或器械产生加速运动的训练方法。肌肉这种工作形式属于向心收缩工作，长度缩短，在工作的过程中，随着活动肢体关节的改变，肌肉在缩短过程中张力也发生变化。动力性力量练习主要有两种主要类型：一种是大负荷、少次数，主要用于发展一般力量和爆发力；一种是小负荷、多次数，主要用于发展力量耐力。

（3）等动训练

等动训练是一种在整个关节活动的范围内，肌肉群始终以最大张力进行收缩，而保持恒定速度的训练方法。等动训练需要专门的器材才能进行，如等动练习器等。

（4）超等长训练

超等长训练是一种能使肌肉产生牵张反射的力量训练方法。超等长训练对于发展爆发力具有良好的效果，其中"跳深"练习是最典型的训练方法。

2. 专项力量素质训练的方法

(1) 最大力量训练方法

篮球运动最大力量训练主要有以下两种方法,"通过增大肌肉生理横断面增加肌肉收缩力量;改善肌肉内协调能力,提高神经系统指挥肌肉工作能力,动员更多运动单位参加工作。在最大力量训练中,应先增加肌肉生理横断面的力量训练,然后进行肌肉内协调能力的训练。"[1]

①增加肌肉生理横断面的最大力量训练

该训练方法是采用自身最大极限负重量的60%～85%的强度,4秒左右完成一次动作,共做5～8组,每组4～8次;组间间歇时间控制在上一组练习肌肉所产生的疲劳得到基本消除。

②改善肌肉内协调能力的最大力量训练

该训练方法是采用自身最大极限负重量的85%以上的强度,2秒左右完成一次动作,共做5～8组,每组1～3次;组间间歇时间控制在3分钟左右或更长(在上一组练习肌肉所产生的疲劳得到恢复)。

③静力性练习和等动练习

静力性练习多采用大强度和极限强度,每次持续时间为5～6秒,总练习时间不超过15分钟。等动性练习动作速度基本不变,肌肉在练习过程中能发挥出较大力量,练习强度要大,做5～8组,每组练习4～8次,组间休息要充分。

(2) 速度力量训练方法

在篮球力量训练中,速度力量具有速度和力量两方面的综合特征,只有最大力量与速度都得到提高,才能取得速度力量训练的最佳效果。青少年篮球运动员速度力量的训练方法主要包括两种:负重练习和不负重练习。

①负重练习法

负重练习时负荷强度要适宜,多采用自身最大力量的

---

[1] 刘艳明,吴永刚,谢庆伟.篮排足的健身原理与竞技方法.北京:中国商务出版社,2007

40%～80%的强度,以兼顾力量和速度两方面的发展;共做3～6组(组数的确定以不降低速度为限),每组练习5～10次;间歇时间应当充分,一般为2～3分钟。

②不负重练习法

不负重练习法主要采用发展下肢速度力量克服自身体重的跳台阶和跳深练习,以及发展上肢和躯干速度力量的符合专项技术要求的快速练习。

(3)力量耐力素质训练方法

力量耐力是指有氧供能,其发展主要依靠肌肉力量的发展,以及血液循环、呼吸系统机能的改善和有氧代谢能力的提高。若发展克服较小阻力的力量耐力,则最小负荷不能小于自身最大负荷强度的35%的负荷强度;若发展克服较大阻力的力量耐力,可采用自身最大力量的75%～80%的负荷。练习的组数通常以保证每组达到极限重复次数来确定。

二、篮球速度素质的提高与训练

(一)篮球速度素质的种类

篮球速度素质训练中,速度素质的种类可分为反应速度、动作速度和移动速度三种。这三种速度素质既相互依存,同时又相互独立。其中反应速度的提高是发展动作速度与移动速度的前提,动作过程的快慢受动作速度和移动速度的直接影响。

1. 反应速度

反应速度是指青少年篮球运动员对外界声、光、触等刺激快速应变的能力,也就是作出反应的潜伏时间。信号通过神经系统传递的时间长短决定了反应速度发挥的效果。这在运动中又称为反应时,反应时长反应速度慢,反应时短反应速度快。

2. 动作速度

动作速度是指青少年篮球运动员快速完成单个动作或成套

动作的能力，如持球突破、防守移动和三步上篮的时间。

中枢神经系统的传递速度对各环节动作速度具有很大的影响，如兴奋冲动强度大，传递速度快，协调性好，即指挥的能力强，动作速度必然快。另外，人体各器官系统的准备状态对动作速度的快慢也有一定的关系。

3. 移动速度

移动速度是指青少年篮球运动员在单位时间内移动距离长短的能力，它是反应速度、动作速度综合运用的能力，而且受一定因素的影响，如力量、耐力、柔韧性以及动作技术等。青少年篮球运动员位移的快慢，往往受起跑的快慢（听到哨声后的反应速度）、跑的动作频率、腿部力量、柔韧性、跑的技术以及后程的耐力等多种因素的影响。

篮球运动三种速度素质的训练直接影响着技战术的发挥效果。因此青少年篮球运动员在进行移动速度训练时，应将三种速度素质的训练充分结合起来。

（二）篮球速度素质训练

青少年篮球运动员不能只采取单一的手段进行速度素质训练，要与其他手段结合起来，比如发展最大力量、速度力量和完善动作技术（起动、滑步和急停等）结合。根据篮球速度素质训练的分类，有以下几种训练方法。

1. 反应速度训练的方法

青少年篮球运动员在反应速度的训练上，可以与篮球相关专项训练集合起来，在进行反应速度训练的同时要注意以下几个方面：第一，对各种专项动作进行熟练掌握，提高人体感知力，缩短反应时；第二，减少各环节的运动时间，特别是关键环节的反应时间，青少年篮球运动员可通过起动跑、运球起动、追逐球等方法进行速度素质训练。提高青少年篮球运动员反应速度的方法具体有以下几种：

第五章 青少年篮球人才体能与心理能力的培训

（1）增强完成专项动作的能力，增加技术动作的信息量，提高人体对技术动作的感知能力，培养运动意识，缩短反应时的潜伏期。

（2）青少年篮球运动员根据动作、声音、哨声和口令等突然发出的信号做出及时的反应。

（3）青少年篮球运动员可以进行视觉反应的训练，如对移动目标的训练。运动员看到目标后要做出正确的应答反应。

（4）在练习中通过有意识地增强外部刺激因素，使青少年篮球运动员迅速做出反应。

（5）选择性练习。把几种信号规定好后，发出任何一个信号时，青少年篮球运动员都要做出符合规定的反应。

2.动作速度训练的方法

在发展动作速度的训练中，要重点提高关键技术环节的速度。青少年篮球运动员在训练动作速度上要注意以下几个方面：首先，对单个动作的关键技术和组合动作的衔接上，应反复加强动作速度的训练；其次，提高动作频率，可采用在缩短规定完成次数的时间，或在规定时间内完成动作的次数。提高青少年篮球运动员动作速度的方法具体有以下几种：

（1）减小阻力的训练，如顺风、下坡跑和减轻器械的重量等练习。

（2）在规定的训练时间和空间上提高动作速度，如进行半场训练，在规定的时间内完成规定的数量。

（3）尽量以最快的速度完成专项练习，如小步跑、高抬腿跑和后蹬跑等，或进行一些爆发力的专项练习，这些辅助的练习都有助于提高动作速度。

（4）反复练习单个动作和组合动作的衔接动作，提高动作速度，缩短动作时间。常用的练习方式有快速出手投篮和传球时手指手腕爆发用力。

3. 移动速度训练的方法

在篮球运动中,运动的频率和技术动作的幅度是影响青少年篮球运动员移动速度的主要因素。因此,在移动速度的训练中,应注重运动频率和技术动作幅度的训练。运动频率的训练主要是在保证一定动作幅度的前提下,通过改进技术,提高素质,在特定时间内完成更多的动作次数;改进技术动作能够有效改善动作的幅度,使肌肉的伸展性、肌肉的力量素质以及关节的灵活性不断提高,充分利用运动员的自身条件。提高青少年篮球运动员移动速度的方法主要有以下几种:

(1) 10秒直线往返运球,并完成上篮。

(2) 提高步幅的练习,如发展腿部力量的深蹲练习,提高髋、膝、踝、肩关节肌群的柔韧性练习。

(3) 提高步频的练习,如快速小步跑、起跑接加速跑、后蹬跑转加速跑、短距离冲刺跑以及下坡跑等。

(4) 保持最高速度能力的练习,如采用较大强度的短距离间歇跑及各种快慢相结合的变速跑、反复跑或比赛等。

三、篮球耐力素质的提高与训练

(一)篮球耐力素质的种类

耐力素质是指运动员在大强度、长时间的专项运动中抵抗神经、肌肉疲劳的能力。在篮球运动中,耐力素质是运动员必须具备的重要的基础素质。"青少年篮球运动员身体素质训练的耐力水平主要取决于功能系统的机能能力,即氧债和耐乳酸能力;在比赛中有效地利用机能潜力的能力;疲劳情况下的意志品质。"[①]

青少年篮球运动员具有良好的耐力素质,有利于比赛中保

---

① 刘艳明,吴永刚,谢庆伟.篮排足的健身原理与竞技方法.北京:中国商务出版社,2007

持旺盛的精力和斗志,保证篮球技术动作的正常发挥。篮球耐力素质训练过程主要在于克服因肌肉工作引起的体力上的疲劳。在篮球运动中,耐力素质是影响运动成绩的重要因素。一般而言,提高青少年篮球运动员耐力素质的方法主要有以下几种:

1. 从器官系统进行分类

生理学上将耐力素质分为肌肉耐力和心血管耐力两种类型。从供能特征角度进行分类,又可分为有氧耐力、无氧耐力以及有氧和无氧混合耐力。

(1) 有氧耐力

有氧耐力是指在供给的氧气足够充分的情况下,保持较长时间工作的能力。有氧代谢能力主要可分为氧气的吸收、运输和利用的有关机体特性的综合。青少年篮球运动员进行有氧耐力训练的目的在于提高运动机体输送氧气的能力,促进有机体的新陈代谢,为日后负荷量的增加创造有利的条件。

(2) 无氧耐力

无氧耐力是指在氧气不足的情况下,保持较长时间工作的能力。进行无氧耐力训练的主要是为了提高运动员机体承受氧债的能力。

(3) 有氧和无氧混合耐力

有氧和无氧混合耐力是介于无氧供能和有氧供能之间的一种耐力。它的持续时间通常也是在有氧耐力和无氧耐力之间。

2. 从训练学进行分类

从训练学角度进行分类,可分为一般耐力素质训练和专项耐力素质训练两种类型。

(1) 一般耐力素质训练

一般耐力是指一种多肌群、多系统长时间工作的能力。无论专项特点如何,一般耐力素质的训练都有利于训练效果的提高。但是,由于一般耐力的综合表现形式有所不同,篮球运动一般耐力训练的要求也有所不同。因此,青少年篮球运动员应将一般耐力的训练和专项耐力的训练充分结合起来。

(2) 专项耐力素质训练

篮球专项耐力是指运动员根据专项的要求和比赛的特点，进行长时间、高强度工作的能力。在篮球运动中，青少年篮球运动员的无氧耐力水平主要取决于有氧代谢状况、能源物质储存以及支撑运动器官对长时间大强度工作的承受能力。

青少年篮球运动员在发展专项耐力的训练中，需要特别注意专项的总体代谢特点，科学合理地安排训练。篮球运动高级教程中明确要求"发展专项速度耐力训练，一般以发展非乳酸性无氧耐力为主，采用95%左右强度、心率可达180次/分钟的训练方法，重复组数可达5~6组，重复次数比组数少些为宜，如重复3~4次。发展乳酸性无氧耐力时，负荷强度控制在篮球运动员可承受最大强度的85%~95%，心率在160~180次/分钟之间，负荷时间可控制在1~2分钟之间，间歇时间逐渐缩短，如第一次与第二次跑之间的休息为7~8分钟，第二次与第三次跑之间休息为5~6分钟。"[1]

青少年篮球运动员在进行专项耐力训练时应注意安排长时间专项对抗练习或加大防守和进攻技术训练强度，以提高在疲劳情况下运用技战术的能力。

(二) 篮球耐力素质训练

1. 无氧耐力训练的方法

(1) 非乳酸供能训练法

训练的负荷强度在90%~95%，训练时心率能够达到180次/分以上，练习持续时间是3~8秒，重复次数2~4次，练习组数3~5组。如30米快跑，每组3次，跑4组，每次间隔1~2分钟，组间休息7分钟左右。

---

[1] 全国体育院校教材委员会审定.篮球运动高级教程.北京：人民体育出版社，2000

(2) 乳酸供能训练法

训练强度一般达到身体负荷的 80%～90%，心率可达到 160～175 次/分，一次的训练时间可控制在 35～120 秒，训练 2～4 次，训练 3 组左右，组间休息 15 分钟左右。如 200 米跑，3 次一组，训练 2 组，每次跑的间歇时间要一致，之后可逐步缩短间歇时间。

2. 有氧耐力训练的方法

(1) 进行连续训练和间歇训练

连续训练和间歇训练的方法主要取决于运动员的最大摄氧量。最大摄氧量是有氧代谢能力的基础，是指身体发挥最大功能水平，每分钟摄入并供给组织细胞消耗的氧气量。在进行有氧训练时，可以把最大摄氧量作为确定运动强度的参考指标。对于运动员来说，训练的运动强度相当于 70%～80% 的最大摄氧量。

(2) 运用无氧阈进行训练

无氧阈是由有氧代谢供能逐步过渡到无氧代谢供能的转折点，它相当于一般人心率在 140～150 次/分状态下的运动强度。即体育锻炼时心率在 150 次/分以下，主要是发展有氧耐力；心率在 150 次/分以上，则主要是发展无氧耐力。因此，发展有氧耐力的训练，其心率均不会超过 150 次/分。

四、篮球灵敏素质的提高与训练

(一) 篮球灵敏素质的种类

所谓灵敏素质，是指运动员能够迅速、准确、协调在各种突然变换的条件下完成动作的能力。灵敏素质是运动技能、专门的运动感觉和各种素质在运动中的综合表现。青少年篮球运动员的灵敏素质实质上是经过视觉感受在大脑皮层神经过程的转换，在情况突然发生变化时，灵活运用已形成的技术动作。

也就是说，青少年篮球运动员的灵敏素质必须具备快速的反应过程和较准确的运动过程。在篮球运动中，青少年篮球运动员如果具有较高的灵敏素质，就能够有效地掌握和运用各种复杂的技战术以及提高场上的应变能力。

灵敏素质主要分为一般灵敏素质和专项灵敏素质两种类型。

1. 一般灵敏素质

一般灵敏素质主要包括力量、速度、协调、反应性等多种素质，它是专项灵敏素质发展的基础。只有全面增强运动的各种素质，才能提高其灵敏素质，因此要重视各方面身体素质的发展。

2. 专项灵敏素质

专项灵敏素质，是指运动员在专项运动中，能够迅速、准确、协调地完成各种技战术的能力。专项灵敏素质是通过长期的专项技战术水平的训练，并在一般灵敏素质训练的基础上不断提高和发展的。不同的专项通常对灵敏素质的要求也不相同。篮球一般要求运动员在突然起动、躲闪、迅速改变身体位置、急停、切入、运球过人等方面具有灵敏素质。

通常情况下，应首先训练青少年篮球运动员的视觉判断能力，其中包括视觉反应能力、掌握动作的能力、节奏感以及平衡能力等。这就要求在进行技战术训练和专项训练过程中，应采用特殊的方式，不断提高运动员的反应速度。青少年篮球运动员神经系统迅速集中和分散能力的提高，能够使大脑皮层的灵活性与神经过程的转换能力得到进一步发展。

（二）篮球灵敏素质训练

在篮球运动中，各种专项技术练习和辅助练习，各种脚步动作的转换练习、传接各种难度的球、抢断球游戏、绕过障碍的接力赛、接地滚球、模仿练习和闪躲以及在快跑中根据信号进行起动、转身跑、急停、后退跑等，都能够有效地发展运动员的灵敏素质。此外，灵敏素质是综合素质的重要体现，根据这一特点，应全面发展青少年篮球运动员的身体素质，重点培养其掌握反应能力、动作能力、平衡能力等。训练方法主要有以下几种：

（1）青少年篮球运动员根据不同信号分别做快速启动、变速、变向等动作。

（2）在跑、跳中做迅速改变方向的各种跑、躲闪以及各种快速急停和迅速转身等练习。

（3）固定转换体位的练习，如各种穿梭跑、折返跑等，这些练习主要发展人体的基本灵敏能力。

（4）器械、武术、体操中的一些复杂动作练习，以及速度、动作、力量、高度、方位等经常变化的不对称练习和各种球类活动。

（5）进行复杂多变的综合练习，如用"躲闪跑""立卧撑"四项组成的综合性练习。

（6）进行篮球专项移动动作的姿势练习，以提高身体平衡和身体重心的转移能力。

五、篮球柔韧素质的提高与训练

（一）篮球柔韧素质的种类

柔韧素质是指人的各个关节活动幅度的大小及肌肉、韧带、皮肤和其他组织的弹性及伸展能力。各关节的活动幅度主要受到肌肉和韧带的伸展能力的影响，另外还受到关节结构的制约。

篮球运动是一项综合性很强的运动，它要求运动员既要使其技术动作得到充分伸展，又要做到收缩自如；动作既要有力，又要协调。因此，要加强各关节的训练，特别是腰、胯、肩、踝关节韧带的训练。发展柔韧素质不仅可以加大动作幅度，使动作更舒展、优美，还能加大动作力量，减少受伤的可能。因此，青少年篮球运动员必须正确地进行柔韧素质的练习，这对于提高运动技术水平具有重要的意义。

1. 从柔韧素质与专项的关系进行分类

一般来说，柔韧素质从其与专项的关系看，通常可分为一般柔韧素质和专项柔韧素质两种。

（1）一般柔韧素质

一般柔韧素质是指身体能够适应各项技战术训练的素质。可以说它包括机体各关节的活动幅度和肌肉、韧带的伸展性。

（2）专项柔韧素质

专项柔韧素质是指根据各专项的运动特点，能够使用特殊的柔韧素质的能力。专项柔韧素质是提高技战术能力所必须掌握的素质。专项内容不同，对各方面柔韧素质的要求也不同，在幅度、方向等方面表现出一定的差异。

运动员各关节的活动幅度的大小和各部位肌肉、韧带的伸展性都是通过专项运动表现出来的，因此，人们根据专项的不同需要将柔韧素质分为一般柔韧素质和专项柔韧素质两种类型。专项柔韧素质建立在一般柔韧素质的基础上。具有良好的一般柔韧素质能够促进专项柔韧素质的发展。

2. 从柔韧素质外部运动状态的表现进行分类

柔韧素质从其外部运动状态的表现可分为静力性柔韧性和动力性柔韧性两种。

（1）静力性柔韧性

所谓静力性柔韧性，是指肌腱、肌肉、韧带根据静力性技术动作的需要，拉伸到动作所需要的位置，并控制停留一定的时间的能力。

（2）动力性柔韧性

所谓动力性柔韧性，是指肌肉、肌腱、韧带根据动力性技术动作需要，拉伸到解剖学允许的最大限度的能力，随即利用强有力的弹性回缩力来完成所要完成的动作。一切爆发力前的动作拉伸，都属于动力性柔韧性。动力性柔韧性建立在静力性柔韧性的基础上，但必须要充分表现出力量素质。

3. 从完成柔韧性练习的表现上进行分类

从完成柔韧性练习的表现上看，柔韧素质又分为主动柔韧性和被动柔韧性。

（1）主动柔韧性

主动柔韧性是指运动员主动运动中表现出来的柔韧素质水平。主动柔韧性同时反映了对抗肌的可伸展程度和主动肌的收缩力量。

（2）被动柔韧性

被动柔韧性则是指运动员在外部环境和外力作用下表现出来的柔韧水平。通常情况下，被动柔韧性要优于主动柔韧性，这种微小的差距，说明柔韧性的发展水平具有一定的平衡性。

此外，从柔韧素质在身体不同部位的表现看，柔韧素质又可分为上肢柔韧性、肩部柔韧性、下肢柔韧性、腰部柔韧性等。

（二）篮球柔韧素质训练

青少年篮球运动员进行柔韧性训练的主要目的是改善肌肉的伸展性和弹性，提高运动技术的动作灵活性和动作幅度，预防和减少运动损伤现象的发生。柔韧性训练的常用方法主要包括主动性训练法、被动性训练法和混合性训练法三种。

1. 主动性训练方法

主动性训练是指通过人体肌肉快速收缩所获得的惯性，使肌肉的各个放松部位达到牵拉和伸展的目的。

（1）通过肢体的各种摆和振动，如绕环、踢腿、推墙等，达到拉伸肌肉和韧带的效果。

（2）对小肌群轻力量进行发展，使放松的对抗肌和参加运动的肌群协调配合，并利用惯性，最大限度地提高关节的柔韧度。如在进行手腕力量训练时，使手背肌群放松，并使手背肌群牵拉，爆发性惯性越大，肌群拉伸越大。

2.被动性训练方法

被动性训练是指在身体的辅助器材、重力和同伴的协助，使肌肉韧带拉长的训练方法。

（1）采用负重和不负重的悬垂练习。例如，利用身体的重力做单杠、双杠上正反肩关节的悬垂练习等。

（2）采用两人互助的手段，维持某一动作姿势。例如，一人平躺在地上挺直，抬举双腿放在另一人肩上，用臂或肩向前下方推压，进行直角压腿练习。

3.混合性训练方法

混合训练法是指在自主肌肉收缩和外力作用的共同影响下，共同加大拉伸效果。例如，直角悬垂压腿，通过上体的重力下压以及腹肌的收缩加力，以拉长腹后肌群。

第三节 青少年篮球人才心理能力的提高与训练

随着现代体育运动的发展，心理能力训练成为运动训练系统重要的组成部分。对于篮球运动而言，心理训练同样必不可少，它不仅影响和制约着青少年篮球运动员的身体素质、技术和战术水平的改善和提高，同时，心理能力对比赛的成绩也具有重要的影响。下面主要对青少年篮球运动员心理能力的提高与训练进行论述，力求对青少年篮球人才的培养提供一定的方法指导。

一、一般心理能力的提高与训练

（一）表象训练

青少年篮球运动员的表象训练是运动员有目的地、积极地回忆已经形成的动作表象，并将动作进行重复、回顾、改正和发展，进而创造出新的动作。它通过恢复原有的暂时神经联系，引起相应的肌肉活动，产生正确的动力定型效应，从而增强了动作的熟练程度，并加深了对难度动作的回忆。青少年篮球运动员在进行表象训练时，要保持高度集中的注意力，每次表象训练的时间最多不要超过5分钟。

（二）感知觉训练

青少年篮球运动员的感知觉是运动员篮球专项运动的某些特殊心理感知觉。其主要包括球感和时空感等。

1. 球感

青少年篮球运动员在长期从事篮球运动过程中，会产生一种专门化的知觉，这种知觉就是球感。球感是一种复合知觉，它能够从侧面反映出运动员各方面的身体素质。这种知觉是在长期反复的训练过程中获得的，因此，球感的好坏主要取决于能否长期坚持触球训练。

2. 时空感

篮球运动的时空感主要表现在运动员对时间、空间的判断能力。时间、空间感觉是密切相连的，只有获得较强的时空感，运动员才能在比赛中获得主动权。篮球运动对预测反应、视动反应、选择反应等时空感训练有更高的要求，要求广阔的视野，对方位感和知觉都有较深的感受，对人和球的速度、移动、距离、方向等都要有准确的判断和把握。因此在篮球训练过程中，要加强青少年篮球运动员的时空感训练。

（三）集中注意力训练

青少年篮球运动员集中注意力训练的方法主要有以下几种：
（1）青少年篮球运动员通过回忆日常技术动作的训练，使注意力始终集中在动作形象上。

（2）青少年篮球运动员对自身内部的某种生理因素进行选择，并使之成为注意对象，进行指向和注意集中训练。

（3）青少年篮球运动员选择自身的肌肉动作，并集中自己的注意力。

（4）青少年篮球运动员应使自己的注意力稳定集中在单个或连续动作上。

（四）意志品质训练

意志品质训练是指在训练过程中刻意让青少年篮球运动员解决困难，达到对运动员心理状态的调节并使其从事预定项目活动的目的。意志品质的训练主要是通过克服实践中所遇到的种种困难实现的。对青少年篮球运动员进行意志品质训练的方法主要有以下几种：

1. 鼓励法

对意志力顽强的运动员进行公开表扬，并以其为榜样，激励其他队员向其学习，从而培养青少年篮球运动员坚强的意志品质。

2. 刺激法

在青少年篮球运动训练计划中，可以进行一些大负荷运动量的训练，使青少年篮球运动员能够在大强度训练下接受困难的挑战，增强其克服困难的勇气和信心。最好是在他们处于疲劳状态下进行，这样对于他们意志品质的培养具有积极的促进作用。

3. 强制法

教练员的命令、训练的要求以及竞赛规程中的规定等内容，都要求青少年篮球运动员必须去完成。在他们完成训练的过程中，逐渐培养了顽强的意志品质。

当然，在对青少年篮球运动员进行意志品质训练的过程中，只有运动员自身具有了培养意志品质的要求和愿望之后，各种

第五章 青少年篮球人才体能与心理能力的培训

客观外界的训练才能收到良好的效果。

（五）意识训练

青少年篮球运动员的意识训练是一种促使运动员形成运动技能的综合心理的训练。它主要有以下几个步骤：

（1）明确概念，通常采用比较直观的教学手段。

（2）肌肉控制，通过想象的方法有顺序地控制肌肉，使肌肉每个部位都得到放松。

（3）精神集中，在头脑中回忆动作结构，并停留一段时间。

（4）连结表象与运动器官，视觉表象中将每一个动作都与自己机体中完成此动作的关节、肌肉的感觉进行联系，直到两者的感觉相一致。

（5）对训练效果进行检查。

二、比赛心理能力的提高与训练

（一）赛前的心理调节

1. 自我认知训练

自我灌输法是青少年篮球运动员进行自我认知训练的主要方法，其主要包括运动员在赛前给自己一个积极的暗示；对自己的技战术水平和体能状况有一个充分的了解；分析自身战胜对手的方法；不受任何外部环境的干扰。

2. 心理适应训练

心理适应性训练是一种促进青少年篮球运动员与其竞赛环境之间保持心理协调的心理训练方法。其内容主要包括：对适应场地、设备、裁判、比赛气氛、观众等的训练。

3. 模拟训练

模拟训练是在对比赛环境以及对手特点进行了解和分析后，

安排相同情况下的适应性训练。进行模拟训练的主要目的是提高青少年篮球运动员的临场适应性。运动员可以通过模拟训练在头脑中建立起合理的动力定型结构，以更好地应对比赛中随时变化的临场情况，充分发挥自己的技战术水平。模拟训练的具体做法有以下几个方面。

（1）模拟赛场气氛

在比赛过程中，青少年篮球运动员的注意力通常会受到现场观众气氛的影响，并产生紧张的心理。因此，在对青少年篮球运动员进行训练的过程中，可以通过对比赛的气氛进行模拟，缓解运动员紧张的心理。如采用放观众噪声录音的形式，模拟比赛现场气氛，提高运动员适应比赛的能力。

（2）模拟赛场局势

随着篮球技战术水平的不断提高，赛场上的实际情况越来越复杂，经常会出现一些难以预测的情况，因此，青少年篮球运动员要具备适应比赛现场局势的能力。可以在平时的训练过程中有目的地改变赛场局势，如设计出教学比赛，先由一方大比分领先，然后将比分进行调换，或者当与对方同处高比分时，立即宣布最后1球决定胜负等。青少年篮球运动员可以通过这种方法，提高自身稳定的心态和随机应变的能力。

（3）模拟对手

搜集对手比赛的资料，通过观看对手比赛的录像等，了解对手的技战术打法，并进行模拟比赛，让青少年篮球运动员适应比赛对手的节奏和特点，增强战胜对手的信心。

4. 心理调节训练

心理调节训练是一种有意识调节运动员赛前不良心理状态的训练方法，主要包括以下几种。

（1）催眠放松训练

在比赛的前一天或当天，心理学专家可以通过对青少年篮球运动员进行催眠，使其从赛前的紧张不安和恐惧感中解脱出来。

(2) 赛前谈话

教练员可以通过与青少年篮球运动员进行谈话，使运动员明确其比赛的目的和意义，调整其赛前的状态，提高亢奋的情绪，增强其参赛的信心。

(3) 生物反馈训练

生物反馈训练是一种借助现代仪器，反应运动员的活动信心，并及时反馈给运动员，然后根据初期测定结果，按照塑造成型原则进行反应期训练以及脱离生物反馈仪的训练，进而提高运动员调解自身情绪的能力，消除其赛前过度紧张、焦虑等心理训练的方法。

(4) 心理自我调节

心理自我调节，是指采用最舒适的放松姿势，通过对话，放松肌肉，调节植物性神经系统机能，以缓解赛前动机过强、神经高度紧张、过度兴奋等不良心理状态。

(二) 赛中的心理调节

1. 呼吸调整训练

在比赛过程中，青少年篮球运动员通常会产生紧张的心理状态，而且会伴随着胸闷气短，呼吸急促、不均匀的症状。这时运动员可采用吸气时肌肉紧张和呼气时肌肉放松相结合的交替呼吸法，达到消除紧张的目的。

2. 集中注意力训练

青少年篮球运动员在比赛过程中遇到观众、裁判、对手等的恶意刺激时，要立即采取适当的方法，转换注意力，排除外界带来的干扰。

3. 思维阻断训练

在比赛过程中，青少年篮球运动员通常会因消极的思维，产生紧张的情绪，并且自己也能够察觉得到。此时，运动员可以采用积极思维来消除消极的意识。例如，青少年篮球运动员由于开赛后的一次失误而不断出现消极思维时,运动员自身又能够意识到,这时运动员就需要利用各种积极的方法,来消除消极思想的影响。

4. 自我暗示

青少年篮球运动员在比赛时,如果出现情绪不稳定的状况,可以通过自我心理暗示进行调节,如"我要冷静""我一定能够做好这个动作"等,以达到一种稳定的情绪,排除周围环境对自身的影响。

5. 教练员积极暗示

在篮球比赛过程中,教练员应冷静处理场上发生的无法预知的情况,做到临危不乱。青少年篮球运动员在比赛的关键时刻,容易出现紧张的情绪,也通常会向教练员投来探寻和求助的目光。这时教练员的一切身体动作和表情都会向运动员传递暗示。因此,教练员要对青少年篮球运动员进行积极的鼓励。

6. 自我宣泄

青少年篮球运动员在情绪过度紧张的情况下,可通过握拳、擦脸以及呼喊等,将紧张的情绪宣泄出来,并伴之以积极的自我暗示,达到情绪稳定的目的。

(三)赛后的心理调节

1. 放松训练

放松训练是指在比赛结束后,通过语言暗示,引起青少年篮球运动员的肌肉放松,进而调节植物性神经系统的机能,使精神和肌肉都得到放松。

放松训练的具体方法有:闭目静坐,全身上下逐级放松;深呼吸,做到呼吸均匀;连续20分钟后,慢慢睁开双眼。每天1～2次,饭后两小时后进行。这种方法可以促使运动员心理能量得到恢复。

2. 冥想训练

青少年篮球运动员在安静的环境中，闭上双眼，仰卧平躺，创造轻松的氛围，将注意力从紧张的比赛中脱离出来。

3. 激情疏通训练

比赛结束后，青少年篮球运动员可以采用谈话、书写等形式合理宣泄自己内心过度愤慨、气愤、恼怒等不良情绪，解除心中的抑郁和积闷。

4. 弱化兴奋度训练

在比赛后可以组织轻松、愉快的活动，消除因激烈竞赛在大脑皮层中形成的影响，缓解大脑疲劳，降低兴奋水平，逐渐恢复正常的心理状态。

第六章 青少年篮球人才技术能力的培训

篮球技术是青少年篮球人才参与篮球运动的基础，系统的篮球技术教学可使青少年篮球人才理解篮球技术的基本理论，掌握和完善各种动作技能，提高篮球运动能力和比赛能力。本章主要对青少年篮球人才应掌握的篮球技术的相关内容进行论述。

第一节 篮球技术基本知识的掌握

一、篮球技术的概念

篮球技术的基本概念主要应从动作方法和实际运用两个方面加以解释。

（一）从动作方法方面理解篮球技术的概念

从动作方法方面进行分析，篮球技术是篮球比赛中运动员为了进攻与防守所采用的专门动作方法的总称。它主要包括移动动作（指跑、跳、急停、转身等无球的动作方法）、控制支配球动作（指接球、传球、运球、投篮等有球的动作方法）和争夺球动作（指抢球、打球、断球、抢篮板球等动作方法），以及由这些动作的组合所组成的各种各样的动作体系。

篮球技术在动作方法上具有专门性和合理性。具体原因如下：

第一，篮球技术与篮球竞赛规则的要求相符。

第二，篮球技术对攻守对抗的需要具有适应性。

第三，篮球技术与人体运动的科学原理相符，篮球运动员的个人特点也能够在篮球技术中充分体现出来。

第四，在篮球比赛中，攻守对抗的具体任务能够通过篮球技术得到解决。

篮球运动员的移动动作、控制支配球动作和争夺球动作，以及这些动作组合而成的动作体系是篮球技术专门性与合理性的具体表现。

（二）从实际运用方面理解篮球技术的概念

从实际运用方面进行分析，篮球技术是运动员在比赛攻守对抗情况下准确运用专门动作的能力。它不仅是动作模式的重复，更是队员有意识的运动行为和操作技巧。因此，运动员在篮球比赛中必须独立地、果断地去运用技术动作与同伴配合，去争取时间和空间的主动，同对手抗衡。

运动员的智能、体能、技能、经验和创造能力等各个方面在这一技术运用中得到充分的体现，其运用专门动作的技巧性和实效性同样被反映出来。

二、篮球技术的特点

（一）随机应变

动作环节的相对稳定是任何运动技术都具有的重要特点，篮球技术也不例外。但是，事物都是受到外界环境的影响而不断发展变化的，所以篮球技术也要随着环境的变化而变化。因此，面对实际环境和对手等方面的变化，运动员就要具备及时做出应答动作的开放性技能和应变能力，以应对突如其来的各种变化。此外，在攻守对抗中，运动员只有在各种不同的条件下灵活地将稳定的动作技术和随机应变地组合起来，才能更好地完成攻守任务。

（二）人球合一

篮球运动员用手直接控制与支配篮球是篮球技术的特点中最为明显的。运动员在充分运用手的同时，还要配合全身运动。各种专门的篮球动作就是篮球运动员的手与全身相互配合而形成的。运动员在用手部动作控制、支配与争夺球的同时，身体动作也参与其中，这正是篮球技术的魅力所在。

（三）动静结合

动静结合是篮球技术的又一显著特征。篮球运动实质上就是比赛双方攻守对抗的一个动态过程，运动员都是在动态和对抗中完成篮球技术的操作的。在争取时空主动上的合理性和创造性在篮球技术快速、准确、实用、多变等特征中都能够表现出来。

（四）规范差异结合

篮球运动技术有一定的规范性，但是，由于每个篮球队员的风格和特点等都是不同的，所以他们所表现出来的动作也是不同的。因此，篮球技术的学习不仅要遵循规范性和规律性，而且还要注重球员个体的差异性，不能一味地强求动作外形的模式，而忽视实效性。

三、篮球技术的分类

常用的篮球技术分类方法主要有两种，即根据动作的结构分类和按攻守目的分类，主要内容如下。

（一）根据动作结构进行分类

按动作结构分类的方法是以动作的运动学结构和动力学结

第六章 青少年篮球人才技术能力的培训

构的类似特点为主要依据进行分类的，形成了篮球技术系统化的分类网络（图6-1），这也是篮球运动发明后一直沿用的分类方法。

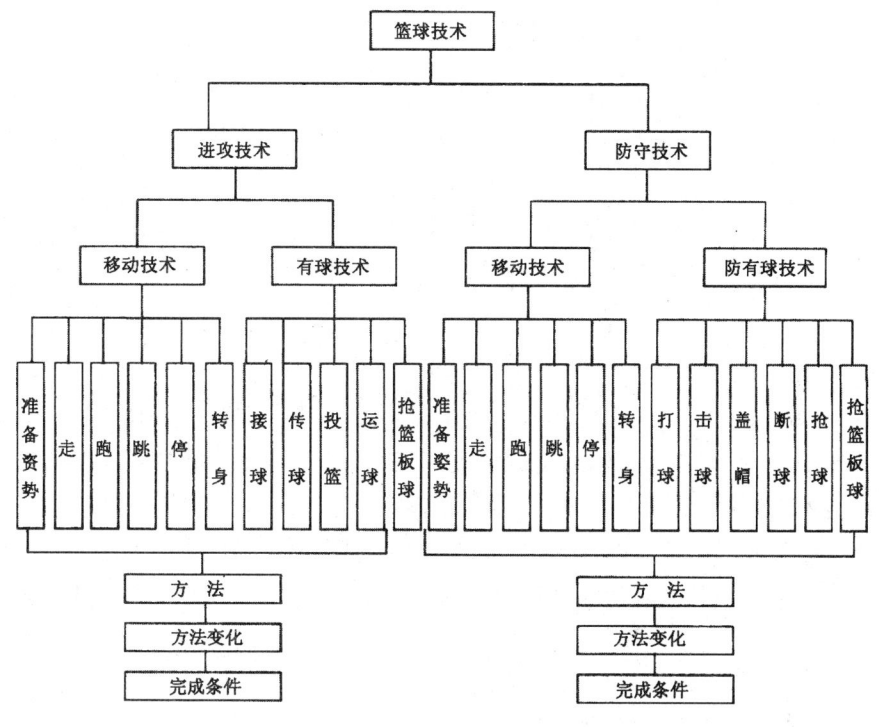

```
                           篮球技术
                    ┌─────────┴─────────┐
                 进攻技术              防守技术
              ┌────┴────┐          ┌────┴────┐
           移动技术   有球技术    移动技术   防有球技术
```

移动技术：准备姿势、走、跑、跳、停、转身
有球技术：接球、传球、投篮、运球、抢篮板球
移动技术：准备姿势、走、跑、跳、停、转身
防有球技术：打球、击球、盖帽、断球、抢球、抢篮板球

方法 → 方法变化 → 完成条件
方法 → 方法变化 → 完成条件

图 6-1

后来，通过不断的研究和实践的证明，这种方法又得到了进一步的完善和发展，形成了图6-2这一分类体系。虽然这一分类体系并不完善，还有许多地方需要进一步的改进，但在我国已经被认可和应用，并且取得了较为理想的运用效果。

（二）根据攻守目的进行分类

根据攻守的目的进行分类的方法是在各类动作的基础上，以解决进攻和防守的具体任务为目的，把两个或两个以上的动作组合成系列单位而进行分类的。20世纪50年代，由美国出版的篮球教学书中，就已经把进攻队员的个人动作和防守队员的个人动作列入篮球比赛基础的内容，并作为分类的一个重要层次。

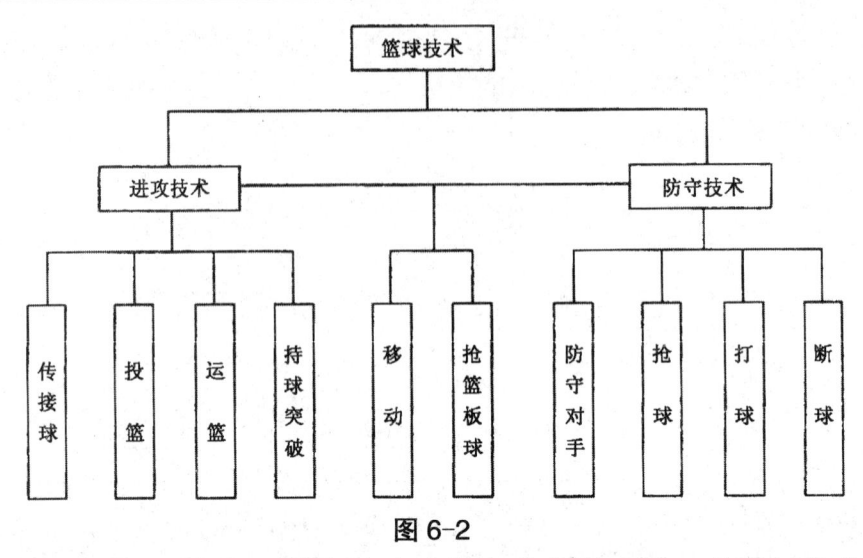

```
                    篮球技术
            ┌──────────┴──────────┐
         进攻技术                防守技术
    ┌───┬──┼──┬───┐         ┌───┬──┼──┬───┐
   传  投  运  持        移  抢        防  抢  打  断
   接  篮  篮  球        动  篮        守  球  球  球
   球          突            板        对
               破            球        手
```

图 6-2

随后数十年的运动实践中应变组合频繁出现，其实用价值逐渐引起普遍的重视，人们通过不断总结丰富了组合的内容，并纳入教学与训练之中。随后篮球组合技术理论的提出，就是以竞技实用为依据对篮球技术分类所进行的一次探索，其中所列的组合技术分类还有待充实和完善，但这也是我国在篮球技术分类上的一个突破。

四、篮球技术的运用

篮球技术是在动态、干扰、破坏、应变等情况下运用来完成动作的，在运用过程中，它没有固定的动作组合程序，而是需要最大限度地适应比赛中变化的要求，随着环境变化而变化，合理地进行动作组合，来完成攻守的具体任务。运动实践表明，篮球运动员技术运用的好坏，主要取决于以下三个方面。

（一）掌握规范的技术动作

在篮球比赛中，要想使篮球技术在比赛中发挥出应有的作用，就必须做到全面、快速、准确、应变、智谋、意识、实用。同时，只有掌握规范的、熟练的单个技术，然后再将这些单个的技术有机地组合起来综合运用，才能够在比赛中灵活应付各种复杂多变的情况；也只有对所有的篮球技术动作做较高的要求，刻苦训练，才能够使所学的组合技术更好地运用到实践中。

（二）拥有良好的身体素质

运动员想要更好地掌握和运用篮球技术，就必须拥有坚实的身体素质，只有这样，才能在篮球比赛中取得较为理想的效果。由此可以看出，良好的身体素质是运动员运用篮球技术的有力保证。

（三）培养良好的心理素质

篮球技术的运用效果，在很大程度上取决于运动员心理素质的好坏。所以，培养运动员良好的心理素质，对篮球技术的运用有着极其重要的影响。这里所说的心理素质，主要包括篮球意识、意志品质和情绪。首先，意识对行动有支配作用，对技术运用有抉择、指向、支配作用；其次，意志品质坚定、有信心克服困难能够积极促进技术的运用；最后，只有情绪稳定，自控能力强，才能有效排除对内部与外部的干扰和影响，此外，还有助于技术动作的正常操作。

第二节 青少年篮球基本技术教学

一、青少年基本进攻技术的教学

（一）传接球技术教学

1. 传球技术教学

（1）单手肩上传球

以右手传球为例，双手持球于胸前，两脚平行而立，传球时，左脚向传球方向迈出半步，右手托球，同时将球引到右肩上方，肘部外展，上臂与地面近似平行，手腕后仰。左肩对着传球方向，重心落在右脚上，右脚蹬地，转体，右前臂迅速向前挥摆，手腕前屈，通过食指、中指拨球将球传出（图 6-3）。球出手后，右脚随着身体重心前移而向前迈出半步，保持基本站立姿势。

图 6-3

（2）双手胸前传球

两手手指自然分开，拇指相对成"八"字形，用指根以上部位持球，手心空出。两肘自然弯曲于体侧，将球置于胸腹之间的部位，身体成基本站立姿势。传球时，在后脚蹬地、身体重心前移的同时前臂迅速向传球方向伸出，拇指用力下压，手腕前屈，食指和中指用力拨球将球传出（图 6-4）。

图 6-4

（3）双手头上传球

双手手指尖朝上，从球侧面持球于头顶，肘部微屈，向传球方向跨步同时手腕后转，球移至脑后，将球向前抛出，手腕下转发力，做好随球动作。

第六章 青少年篮球人才技术能力的培训

（4）单手体侧传球

以右手传球为例。两脚开立，膝微屈，双手持球于胸前。传球时，右手持球后引，经体侧向前做弧线摆动，手腕前屈，用食指、中指的力量拨球，将球传出。

2. 接球技术教学

（1）单手接球

以右手接球为例。右脚向来球方向迈出，接球时右臂微屈，手掌成勺形，手指自然分开，迎球的方向伸出，同时迈出左脚。当手指触球后，手臂顺势后撤，同时收肩，上体微向右后转动。然后用左手帮助将球握于胸前。跳起用单手接高球时，可采用手指尖触球后顺势卷腕的手法，把球引到胸前成双手持球（图6-5）。

图 6-5

（2）双手接球

双手接球时，两眼注视来球，手指自然分开，两拇指相对成"八"字形，两手成半圆形。来球前，主动伸臂迎球，肩、臂、腕、指放松。接球时，指端先触球，同时两臂随球后引缓冲来球的力量，并做好衔接下一动作的准备姿势（图6-6）。

（3）跑动接球

在跑动过程中，脚尖朝着前进方向，上体侧转面向来球，双臂伸出，主动迎接来球。

图 6-6

(4) 摆脱接球

无球进攻队员利用脚步动作(如变向跑、转身、停步等)或同伴的掩护摆脱防守后接同伴传来的球,并采用相应的停步动作以衔接下一个攻击动作。

(二)运球技术教学

1. 高运球

高运球时两腿微屈,上体稍前倾,目平视,以肘关节为轴,前臂自然伸屈,用手腕、手指柔和而有力地按拍球的后上方。球的落点控制在运球手臂的同侧脚的外侧前方,球的反弹高度在腰胸之间(图 6-7)。

图 6-7

2. 低运球

低运球时两腿迅速弯曲,重心下降,上体前倾,球的落点在体侧,用上体和腿保护球;用手腕和手指短促地按拍球的后上方,使球控制在膝关节的高度,两腿用力后蹬,快速前进。拍球的部位在球的后上方或后侧方(图 6-8)。

图 6-8

3. 转身运球

当对手逼近，不能用直线运球或体前变向运球突破时，可运球转身技术摆脱防守。以右手运球为例，变向时，用左脚在前为轴，左后转身的同时，右手将球拉至身体的后侧方并按拍球落在身体的外侧方，然后换左手运球，加速前进（图 6-9）。

图 6-9

4. 运球急停急起

在快速运球中采用两步急停，使重心降低，手按拍球的前上方，使球停止运行；急起时，两脚用力后蹬，上体急剧前倾，迅速启动，同时按拍球的后上方，人、球同步快速前进（图 6-10）。

图 6-10

5. 背后运球

当右手运球从背后换左手时,右脚前跨,右手将球拉到右侧身后,迅速转腕按拍球的右后方,使球从背后反弹至左侧前方,左脚同时向左前方跨步,换左手运球(图 6-11)。

图 6-11

6. 胯下运球

以右手运球为例。变向时,左脚在前,右手拍按球的右侧上方,将球从两腿之间运至身体左侧,然后上右脚,换手运球,加速前进(图 6-12)。

图 6-12

（三）持球突破技术教学

1. 原地持球交叉步突破

以右脚做中枢脚从防守队员左侧突破为例。两脚左右开立，两膝微屈，身体重心降低，持球于胸腹之间。突破时，左脚向左侧前方迈出一小步，把防守队员引向自己左侧的同时，用左脚前掌内侧快速蹬地，向右侧前方跨出一大步，上体稍右转，左肩向前下压，重心向右前方移动，将球推引至右侧，用右手推按球于左脚右侧前方，接着右脚蹬地加速超越对手（图6-13）。

图 6-13

2. 原地持球同侧步突破

以左脚做中枢脚从防守队员左侧突破为例。两脚左右开立，两膝微屈，身体重心降低，持球于胸腹之间。突破时，上体积极前倾的同时右脚迅速向右前方跨一大步，同时上体右转，左肩积极下压。左脚内侧用力蹬地，在左脚离地前，用右手推按球于右脚外侧前方，然后左脚迅速跨步抢位，加速运球超越对手（图6-14）。注意起动要突然，跨步、运球要快速连贯，中枢脚离地前球要离开手。

图 6-14

3. 转身突破

（1）前转身突破

以中枢脚为左脚为例。与球篮背对，两脚平行或前后分开站立，保持两膝弯曲，将身体重心放低，双手将球放在腹部前方。突破时，身体重心位于左脚，右脚前脚掌内侧用力蹬地，以左脚为轴碾地，此时右脚随前转身跨向球篮方向，身体上部左转，下压左边肩膀。把右手放在球上，将球推向右脚侧的前方，球与手分开后，左脚蹬地，左脚向前方跨出，将对手突破。在运用前转身突破技术时，运动员要注意稳定重心，紧密衔接转身与突破动作。

（2）后转身突破

以中枢脚为左脚为例。与球篮背对，两脚平行或前后分开站立，保持两膝弯曲，将身体重心放低，双手将球放在腹部前方。突破时，以左脚为轴，向后方向转身，向右侧后方移动右脚，脚尖指向的方向为侧后方，向后转动上体并压右肩。用右手把球推向右脚前的方向,左脚内侧迅速蹬地,与此同时将左脚跨向球篮方向,换另一只手来运球,并将防守队员迅速突破。运动员在向后转动身体突破时,应注意保持重心平稳,要衔接好转身与突破动作。

4.行进间突破

行进间突破指的是在与队员互相配合进行传球过程中,队员接球后突然停止移动,将有利位置抢先占领,然后与持球突破技术相结合运用继续进行进攻。在快速移动中,如果队员看到同伴传来的球,应该将双臂伸展准备迎接来球,双臂伸展的方向要与来球方向保持一致,同时用一脚迅速蹬地,两脚向上跳起接前方或侧方的来球,与防守队员形成一定的位置差,此时,两脚落地(同时或先后都可)。落地后,膝盖弯屈,将身体重心降低,并将身体保持平衡状态,要特别注意将球保护好。另外,运动员要快速对同侧步或交叉步突破做出选择,选择依据是防守队员的位置和具体情况。运动员在行进间突破时,要注意协调连贯好摆脱移动、伸臂迎球和跨跳的衔接;接球急停要保持平衡;突破起动要迅速,并注意将球保护好,以防守位置为依据,运用交叉步或同侧步突破防守。

(四)投篮技术教学

1.原地单手肩上投篮

以右手投篮为例。两脚开立,两膝微屈,身体重心在两脚之间,上体稍前倾,右手翻腕托球于右肩前上方,手指自然张开成球状,手心不要贴球,球的重心要落在中指和食指之间,左手帮助扶在球的侧下部,右肘自然下垂,腕关节放松;下肢蹬地的同时,右臂向前上方伸展,手腕向前扣动,手指拨球,将球柔和地送出。球出手后,手腕放松,手指自然向下(图6-15)。

图 6-15

2. 原地起跳肩上投篮

以右手投篮为例。双手持球于胸腹之间,两脚左右(或前后)开立,两膝微屈,身体重心落在两脚之间,上体放松,眼睛注视篮圈。起跳时两膝适当弯屈(两脚前后开立时也可上一步再做此动作),接着前脚掌蹬地发力,向上迅速摆臂举球并起跳,双手举球于肩上或头上,左手扶球左侧。当身体升至最高点或接近最高点时,左手离球,右臂向前上方伸展,同时突然发力屈腕,以食指、中指拨球,使球通过指端投出(图6-16)。

图 6-16

3. 原地双手胸前投篮

两脚左右或前后站立,两腿微屈,前脚掌着地,上体稍向前倾,眼睛注视瞄准点,两手五指自然张开,捏球两侧稍后部位,两拇指相对成"八"字形,用手指和手掌接触球,手心空出,持球于胸前,屈肘靠近身体。投篮时,两脚蹬地身体伸展,同

第六章 青少年篮球人才技术能力的培训

时两臂向前上方伸出,两拇指向前上方用力推送,手腕稍有外翻,使球从拇指、食指、中指的指尖投出,向后旋转飞行(图6-17)。

图 6-17

4. 行进间投篮

行进间投篮的主要特点是运动员移动快速,投篮在瞬间完成,投篮前无停顿。投篮队员要将弹跳与速度进行充分利用,充分伸展身体,敢于挤靠,在空中形成很好的停滞能力,对各种出手方式进行合理采用,巧妙摆脱对手的干扰,在空隙位置和空间高度方面争取有利时机,身体相对保持平衡,快速或换手投篮,投篮时对腕、指控制支配的技巧进行合理运用。行进间投篮技术在中、近距离或突破至篮下时都可采用。下面主要对几种行进间投篮的技术进行简要阐述。

(1)行进间单手肩上高手投篮

以右手投篮为例,大步跨出右脚,跨出方向为投篮方向或来球方向,右脚跨出的同时做接球动作,向前小步跨出左脚,脚跟先着地,稍向后仰上体,迅速蹬地起跳,右腿膝盖弯曲,左脚蹬地与地面分离。双手同时向前上方举球,身体腾空后,向前上方伸展右臂,腕、指动作同原地单手投篮。投篮出手后,两脚同时落地,两腿弯屈,以缓冲落地的力量(图6-18)。行进间单手肩上高手投篮过程中,应力求节奏清楚,起跳充分,举球、伸臂、屈腕、拨球动作连贯,用力适度。

图 6-18

（2）行进间单脚起跳单手低手投篮

以右手投篮为例，准备投篮时，右脚跨出一大步，同时双手接球，接着左脚迈出一小步制动，同时用力起跳，随之充分伸展身体，右臂伸直向篮圈方向举球（手心向上）。当举球手接近篮圈时，用力向上挑腕，以中间三指为主，通过指端将球拨出投向篮筐。投篮过程中注意保护好球。

（3）行进间勾手投篮

以右手投篮为例，接球或停止运球后，以左脚向便于投篮的方位跨出一步并起跳，用左肩靠近防守队员，右腿顺势自然上提，注视篮圈，左手离球，右手持球向右肩侧上方伸出。当举球至头的侧上方时挥前臂，以屈腕、压指动作通过食指、中指拨球将球投出。如在篮侧投碰板球，则要利用手指不同的拨球动作使球向相应方向旋转碰板入篮。

需要注意的是，整个技术动作过程中，运动员应注意跨步蹬地、起跳要与举球动作协调一致，并合理控制腕、指动作和力量及球的旋转方向、弧线及球的落点。

5.跳起投篮

跳起投篮又称"跳投"，可以在不同距离和各种角度下运用。跳起单手投篮是跳起投篮的主要表现。跳起单手投篮的出手动作基本与原地单手投篮的出手动作相同，不同的是，跳起单手投篮的动作中有起跳动作，要在空中完成投篮动作。以右手投篮为例，跳起投篮动作分析如下。

首先，双手在胸腹之间持球，两脚前后或左右分开站立，微屈两膝，两脚之间承担身体重心，放松上体，眼睛向篮圈方向注视。起跳时，适当弯屈两膝，然后用脚掌蹬地发力，腹部提起，腰部伸展，迅速向上摆臂举球，同时做起跳动作。

其次，起跳后，在头上或肩上用双手举球，在球的左侧用左手扶球。当身体升至最高点或接近最高点时，左手离球，向前上方伸直右臂，同时屈腕、压指，用突发性力量将篮球通过指端投出。

最后，投篮后，身体自然落地，屈膝缓冲起跳力量，做好冲抢篮板球或回防的准备动作。在跳起投篮过程中，运动员应注意身体的稳定性，球出手时腕、指柔和而准确地屈拨用力（图6-19）。

图 6-19

6.扣篮

扣篮是直接将球由上向下灌入篮内的一种投篮技术方法。扣篮要求运动员必须具备良好的身体素质，特别是弹跳力和控制球的能力。扣篮主要有以下几种方法：

（1）原地双脚起跳双手扣篮

扣篮前，双手持球双脚用力蹬地向上跳起，同时将球上举，充分伸展身体；扣篮时，将球举过头顶至最高点并与篮圈构成最佳入射角时，双臂用力前屈，用突发性屈腕、压指的动作，将球扣入篮圈内。扣篮后，注意控制身体平衡和落地屈膝缓冲。

(2) 行进间单脚起跳双手扣篮

扣篮前,一脚跨出一大步同时接球,接着另一脚向篮圈方向跨出一小步蹬地尽力高跳,随之在空中充分伸展上体;扣篮时,双手举球至最高点,当球举过篮圈高度时,立即用突发性动作挥动双手前臂接着屈腕、压指,将球自上而下扣入篮圈;扣篮后,注意控制好身体平衡和落地屈膝缓冲。

(五) 抢进攻篮板球技术教学

积极拼抢进攻篮板球是一个重要的进攻行动,是争夺控球权的重要方法,对防守运动员具有较强的杀伤力。一般来说,抢进攻篮板球时,进攻运动员是站在防守运动员的外侧,处在不利于直接抢篮板球的位置。因此,当本方运动员投篮时,要运用快速的脚步移动,合理运用假动作,使摆脱动作突然、有效,且富有攻击性。

抢进攻篮板球是一个复杂的动作组合,主要包括观察判断、迂回起动、抢位冲抢、抢球猛狠几个环节。观察对手防守动向,判断球反弹的方向、速度和落点,重点是对球的判断,并注意篮板球反弹的多向性;然后迅速迂回到有利位置;强行抢位或者直接冲抢;抢球要猛狠、以迅雷不及掩耳之势得球。具体来说,处在外线位置的队员抢篮板球,当同伴投篮时,如进攻队员面向球篮,在观察判断好球的反弹方向、速度和落点后,突然起动冲向球反弹方向进行补篮或抢获篮板球。以从防守人身后左侧冲抢为例,进攻队员面向球篮时,右脚向右侧跨步,向右侧做假动作,随后以左脚为支撑脚,右脚向左跨出一小步,重心移至左脚,同时右脚立即向前跨步绕前,挤靠防守人,从而跳起抢篮板球或进行补篮。因此,准确判断进攻时间,绕步冲阻,并及时起跳,补篮或组织第二次进攻是进攻队员需要注意的方面(图6-20)。

图 6-20

二、青少年基本防守技术的教学

（一）抢、打、断技术教学

1. 抢球技术教学

（1）转抢

防守队员抓住球的同时，应迅速利用手臂后拉和两手转动的力量，将球从对方手中抢过来。抢球时，为了加大夺球的力量，可以利用转体动作，迫使对方无法握球。如果抢球不成功时，应力争与对手造成"争球"。在转抢时，防守队员还应注意动作的快速、准确和突然。

（2）拉抢

在进行拉抢前，防守队员看准对手的持球空隙部位，迅速用两手抓住球后突然猛拉，将球抢夺过来。

2. 打球技术教学

（1）打掉对方手中的球

①打运球队员手中的球

以右手运球为例。当运球队员向前推进时，防守队员用侧后滑步移动，用右手臂堵住运球队员左面，防止他向自己的右侧变向运球，左手臂干扰运球，当球刚从地面弹起，尚未接触运球队员的手时，及时用手指、手腕和前臂的力量从侧面将球打出，并快速上前抢球。注意干扰对方运球，以造成打球机会，并及时上前抢球。

②打持球队员手中的球

当进攻队员接到球的一刹那，保护球不好或因观察场上情况而失去警惕时，防守队员突然上步打球。一般来说，当进攻队员持球部位较高时，防守队员可采用取由下而上的方法打球。打球时，掌心向上，手指和指根击球的下部。如持球较低，则多采用由上而下的方法打球。打球时，掌心向下，用手指和手掌外侧击球的上部。打球时，防守队员应注意上步要迅速、突然，并适时运用相应的打球方法。

③打行进间投篮队员手中的球

当进攻队员运球上篮时，防守队员要随进攻队员移动，当防守队员跨出第一步接球时，应及时靠近他，当他跨出第二步起跳举球时，迅速移动到他的左侧稍前方，用手从他的胸部向下将球打落。在打球过程中，防守队员的脚步应伴随投篮队员移动，保持适当的距离，以便更好地掌握打球的时机和取得有利的打球位置。

（2）盖帽

防守队员在进行盖帽时，应注意降低身体重心，快速移动，并选择有利方位，判断对手起跳和投篮出手时间，及时起跳；起跳后，迅速伸展身体，手臂高举。当对方球出手时，用手腕动作将球拍出或打掉。注意手臂和身体充分伸展，用前臂、手腕、手指动作打球，动作应做到短促而有力。

3. 断球技术

断球技术的方法主要包括以下几种：

（1）封断球

防守队员进行封断球，是当持球队员暴露了自己的传球意图，或传球动作较大或较慢，防守队员可在对方球出手的一瞬间，突然起动，伸臂封盖或将球截获。封断球时，防守队员应注意掌握好断球时机，动作应快速突然。

（2）横断球

横断球时，要求球员屈膝身体重心下降，当球刚由传球队员手中传出的一瞬间突然起动，单脚或双脚用力蹬地跃出，身体伸展，两臂前伸，将球截获。如距离较远，可加助跑起跳。在进行横断球时，运动员应注意屈膝降重心，把握球出手时机要准确，用力蹬地，伸展两臂迎球。

（3）纵断球

当防守队员从接球队员的左侧向前断球时，左脚向左侧前方跨出半步，然后侧身跨右脚绕到接球队员的前方，右脚或双脚用力蹬地向前跃出，身体伸展，两臂前伸，将球截获。在纵断球时，防守队员应注意蹬地要快而有力，伸展身体，并保持平衡。

（二）防无球队员技术教学

1. 防接球

在防守技术中，防守无球队员的首要任务是防接球。防守队员在防接球时，应在自己的视线范围内时刻关注对手和球，并做出准确的防守动作，膝盖弯屈，降低身体重心，保证向任何方向都能够随时起动，要特别注意衔接起动与移动步法，并注意控制平衡，在动态中始终保持在对手与球之间偏向对手一侧的断球路线上，同时伸出同侧手臂形成"球—我—他"的钝角三角形的防守选位。

防接球技术需要注意以下几个方面：

第一，要求防守无球队员具有较强的预测性，在对手试图接触球时，能够积极采取行动阻止或减少对手接触球。

第二，当接球队员处于被动情况时，防守队员也要积极跟防、追堵，破坏对手顺利接球。

2. 防切入

防切入也是防守无球队员的一种重要方法。防切入是指防守进攻队员试图切入或摆脱进攻队员的切入。在防切入时，要同时防守人与球，在不能兼顾的情况下，主要防人，使球和人始终在自己的视线范围内。当对手企图进攻时，主要可以采取的防守方法有凶狠顶挤、个步堵截、抢前等，阻止对方及时进攻。如果对手的切入方向与迎球方向相同，则主动防守进攻队员的后方，以此来将对手的接球路线切断。

3. 防摆脱

防摆脱能够有效防守无球进攻队员。防摆脱指的是限制和封堵无球进攻队员的摆脱。通常，在后场进攻队员通过快下接球攻击进行摆脱。这时，防守队员一定要主动防止其进攻动作。在篮球比赛中，抢占有利的防守位置是防守无球队员的关键。

（三）防有球队员技术教学

1. 防运球

设法将对方的运球速度减慢，使其运球方向做出改变，防止进攻队员将球运向篮下，防止对手持球突破，这是防守队员防对方运球的目的。一般情况下，防守队员要主动紧追进攻队员，而且要在移动中将身体重心降低，与持球队员保持侧对或面对的方向，防守时要保持身体处于平衡状态。防守时不应用交叉步移动，而要用撤步与滑步，需要注意的是，防守队员进行阻堵时，要位于进攻队员的前面一步左右的位置进行，迫使其改变运球方向。当进攻队员利用变速变向、急起急停等方法来摆脱防守时，在其变换动作时防守队员应及时抢前向后移动，占据好有利位置，并控制好身体平衡，迅速地变换步法继续进行阻截。

2. 防传球

防守队员防传球的目的是阻止对手向篮下有攻击威胁的内线区域的传球。防守队员在进攻队员接到球之后，要选择正确合理的防守位置，防守位置与对手的位置之间的距离要保持适当；防守队员要将自己的身体重心调整好，眼注视球，判断对手的传球目的，判断依据是对手的位置、视线与动作；防守队员要通过干扰与封堵进行防守，具体方式是挥动手臂；防守队员要尽量使对手向外传球，阻止其向内线进行传球。

3. 防突破

防突破主要指防守进攻队员的持球突破。防突破主要有防守面向球篮突破的持球队员和防守背对球篮突破的持球队员两种方法。

（1）防守面向球篮突破的持球队员

对防守面向球篮突破的持球队员来说，有一点非常重要，那就是选位。防守队员要对对手接球的位置、来球的方向、对手与篮筐的角度大小及距离远近以及同伴所处的防守位置的情况进行综合考虑，对突破能力较强的对手进行及时阻截。

（2）防守背对球篮突破的持球队员

这种防守方法主要运用于近篮区背向或侧向球篮接球的情况，防守队员要保持"你—我—篮"的有利位置，不宜紧靠对手，要有适当的距离。对方接球后是两脚前后站立时，如果后脚可以做中枢脚转身突破，则必须对其转身一侧多加防范，与对方同侧的脚向后撤半步，手臂侧伸，另一手臂封锁住对手一侧。对手转身进行变向突破时，防守队员要及时做出后撤动作，向侧方向跨步进行阻拦。倘若对手接球时，两脚成平行站立的姿势，那么防守时应主要以对手接球时距离篮筐的距离为依据。距离较近时主要以防投篮为主，距离较远时主要以防突破为重点。

4. 防投篮

防止对方投篮成功是防投篮的根本目的。因此，在对手掌控球后，防守队员要时刻保持警惕。斜步防守贴近对手是防守队员主要采取的防投篮手段，挥动手臂对其进行干扰，使其放弃投篮；与此同时，另一手臂要向侧方伸直，对对手的传球造成一定的阻碍作用。防守队员要对对手是否投篮做出正确判断，注意其假动作。

（四）抢防守篮板球技术教学

处于篮下防守，当对手准备投篮时，以对手的投篮位置与移动情况作依据，运用上步、撤步和转身等动作阻截对手，使其位于自己的身后。防守队员还要注意对有利的位置进行积极抢占。在篮下抢位挡人时，一般采用后转身挡人，降低重心，两肘外展，以抢占空间面积，并保持最有利的起跳姿势。

对于处于外围的防守队员抢篮板球，当进攻队员投篮、防守队员面向对手时应观察判断对手，通过采用合理动作利用转身阻止对手向篮下移动，并抢占有利的位置，是进攻队员需要做的几个方面。起跳进行抢球时，向上摆动两臂，同时，将两脚的前脚掌用力蹬地，尽力向球的方向伸展身体和手臂，身体和手臂伸展到最高点时，积极进行抢球（图6-21）。

图 6-21

第三节 青少年篮球基本技术训练与提高

一、青少年基本进攻技术的训练与提高

（一）传接球技术的训练与提高

（1）原地徒手双手持球动作的模仿练习。体会不持球时，能否正确地做出双手持球的徒手模仿动作。

（2）原地双手持球基本姿势的练习。每人一球，双手持球于胸前，体会双手持球的正确动作方法。

（3）成双手持球的徒手模仿动作，做向来球方向伸臂—主动回收手臂的徒手模仿接球动作。

（4）每人一球，成基本站立姿势。双手持球于胸前，做传球发力时的抖腕动作，但球不离开手。

（5）两人一组一球，距离4米逐渐扩大到8米，然后再从8米逐渐缩小到4米，用双手胸前传、接球。

（6）两人一组一球，相距5米左右，用双手胸前传、接球，在1分钟内看哪组传球次数多（计两人总次数）。

（7）两人一组一球，一人原地传球，另一人向左、右、前、后移动做接球练习。两人相距4～6米，传接球一定次数后，相互交换。

（8）两人一组一球，两人四只手共持一球，一人做传球动作，一人做接球动作，两人的手都不离开球，像拉锯一样一传一接连续做。

（9）全场三人传接球练习。每传一次球都要通过中间人。在3人传球推进的过程中，要保持好三角队形，中间人保持在稍后，两边在前。

（10）一人原地传球，另一人向左、右、前、后移动做接球练习。两人相距4～6米，传接球一定次数后，相互交换。

（11）迎面上步传接球练习。队员排成纵队，教练员持球距纵队5～7米。排头队员上步接教练员传来的球并回传给教练员，然后跑回队尾，接着第二名队员进行练习，以此类推。此练习还可要求队员跑动接球、急停、上步传球，以加大练习难度。

（12）三角传接球练习。每组4～5人。按逆时针方向传球和换人。接球时要上步，接传动作要连贯，不得走步。

（二）运球技术的训练与提高

（1）直臂对墙运球。一手托球于头前上方，利用腕、指力量对墙进行运球。速度由慢到快，两手交替练习，最后双手同时对墙练习。

（2）原地拍起静止不动的球。原地单蹲，将球放地使之静止不动，然后用腕、指不断地拍球，利用球的反弹作用将球拍起。反复练习。

（3）原地高、低运球，左右手交替进行原地体前左右手变向运球，体会基本动作。反复练习。

（4）单臂支撑旋转运球。运球者单臂支撑成侧卧撑，以支撑手为轴，另一手运球旋转移动，然后换手支撑，反复练习。

（5）原地双手运两个球，提高控球能力。

（6）原地"8"字运球，即在两腿的外侧和中间交错运球，提高控制球能力。

（7）原地背后换手变向运球。运球者两脚左右开立，约与肩同宽，左手持球向左挥摆至体侧，然后用手指、手腕加力，使球经身体左侧向后右下方落于体前，使球向右侧上方反弹，右手在背后右侧控制球，然后再加力向左运拍。依次在背后交替换手运球，反复练习。

（8）原地胯下左、右运球。运球者两脚前后开立成弓箭步，右手持球加力使球从胯下向左反弹，左手迎引球后，再加力使球从胯下向右反弹回，依次两手交替运球。动作速率可逐渐加快。

（9）全场直线运球。队员分成若干组，做直线高、低运球练习。

（10）弧线运球。沿罚球圈中圈做弧形运球到对面的底线，再沿边线直线运球返回。

（11）运球急停急起。每人一球，根据老师信号练习急停急起或变速运球。

（12）全场两防一的练习。一人运球，两人防守，进行全场攻守练习。

（13）全场一攻一守练习。两人一组，进行全场一攻一守的练习，然后分别站到对组的排尾。依次轮流练习。

(三)持球突破技术的训练与提高

(1) 两人一组徒手做突破训练。一人站在突破者前面,突破者做持球突破动作。两人一组互相交换训练。

(2) 徒手模仿突破技术训练。熟练不同的脚步运作与方法,体会突破中的跨步、转体、探肩动作。

(3) 一对一持球突破结合跳投或行进间投篮训练。进攻者进攻失球后,两人攻守交换。

(4) 原地持球突破训练。队员分布在半场内,以篮圈为目标,模仿突破的脚步动作。

(5) 突破上篮练习,全体学生成一列纵队,面对球篮,每人一球,按顺序做原地持球交叉步或同侧步突破接行进间投篮。抢篮板球后运球回队尾。

(四)投篮技术的训练与提高

(1) 原地徒手模仿投篮技术动作训练,体会动作方法。

(2) 原地模仿跳投训练。

(3) 原地徒手做不同角度的投篮练习,体会瞄准方法。

(4) 原地徒手做正面的定点投篮练习,投篮手法要正确。

(5) 自抛自接球后做急停跳投训练。

(6) 两人一组一球,相距 4~5 米对投训练。

(7) 在篮下左、右侧碰板投篮训练,距离可不断调整。

(8) 五点晋级投篮训练,在球篮周围设五个点,靠近边线的一点开始,每个队员在第一个点投中后,方能晋升到第二点投篮。先投完五个点者为胜。

(9) 近距离传、接球做行进间高手和低手投篮训练。

(10) 在罚球线上做原地单手肩上投篮训练。

(11) 运球做行进间单手高手、单手低手投篮训练。注意动作连贯,体会跨步和抄球时机。

(12) 走步式行进间投篮训练。迈右(左)脚接球,上左(右)

脚起跳投篮。

（13）在运球中做运球急停跳投训练。

（14）在传、接球中做急停跳投训练。

（15）运球、传球、投篮组合训练，以培养学生综合运用技术的能力。

（16）在消极防守和积极防守情况下做各种投篮训练。

（五）抢进攻篮板球技术的训练与提高

（1）两人一组，一人向篮板或篮圈抛球，另一人以面向持球人的基本姿势站立，准备抢球，然后转身跨步（上步）起跳用单或双手抢球，在练习一段时间后，两者互换反复练习。

（2）两人一组，站位于篮下两侧，轮流跳起在空中用双手将球托过篮圈，碰板传给同伴。需要注意的是，必须跳到最高点时托球，两人都做完一次为一组，要连续托球 15~30 组。

（3）原地连续双脚起跳或者前、后转身跨步连续起跳，并用单或双手触篮板或篮圈 10~20 次。注意动作的连贯性。

（4）在空中练习抢球转身和传球动作的协调性。队员站在篮下向篮板抛球，然后跳到空中最高点时抢到球，并在空中转身，将球准确地传给教练员。

二、青少年基本防守技术的训练与提高

（一）抢、打、断技术的训练与提高

1. 抢球技术的训练与提高

（1）2 名队员为一组，相距 1.5 米，面对面站立，一人双手持球于腹前，另一人按抢球的动作要求，突然止步将球抢夺回来。持球队员由正常握球开始，逐渐加大握球力量，使抢球队员体会和掌握拉抢和转抢的动作方法。每人抢若干次后，攻守交换进行训练。

（2）将队员分为 2 人一组。持球队员在原地做投切结合的脚步动作，防守队员体会抢球动作的要领。训练数次后，互换攻守。要求进行抢球时，要保持正确防守位置，控制身体平衡，抢球动作要果断，主要以小臂、手掌、手指短促动作突然抢球。

（3）队员在端线两侧面对面站成两列横队。教练员在端线中点向场内抛球，左右对应的 2 个队员快速冲向球，抢到球的队员向对面篮筐进攻，未抢到球的队员进行防守，依次轮流进行训练。同时，为了训练队员的快速反应能力，可以把两边的队员编上号，当教练员叫到某号时，两边同号的队员立刻起动抢球，抢到球者进攻，未抢到球者进行防守。

（4）3 名队员为一组，一人持球与其他两人面对站立，距离 3～4 米，持球队员将球抛向空中，另外 2 名队员迅速起动、选位、起跳、抢球。

（5）4 名队员为一组，2 名进攻队员互相传接球，另外 2 人进行防守，当进攻队员接球刹那，防守队员立即上步抢球，不成功时，立刻后撤保持正确的防守位置和姿势，训练一段时间后，再进行攻守交换训练。

（6）3 名队员为一组，2 人相距 1 米，中间 1 人持球向两侧摆动，两侧无球队员根据球的部位，及时抢球。然后持球队员逐步改做转身跨步和摆脱护球动作，另外 2 名队员伺机抢球。完成一定次数后，进行攻守轮换训练。

2.打球技术的训练与提高

（1）2 人一组，相距 1.5 米。持球人做出传球动作后，另一队员立即上步打球，二人轮流练习。

（2）在半场或全场一攻一守的训练中，防守队员紧紧跟随运球队员。当球刚从地面弹起时，突然打球，二人轮流进行攻守训练。

（3）2 人一组站在篮下，一人将球抛向篮板，另一人跳起抢篮板球。当获得球下落转身时，投球者立刻打球。二人轮流进行打球训练。

(4) 2人一组，一人持球突破，一人防守。当进攻队员持球突破的一刹那，防守队员利用前转身上步，从运球队员身后，用靠近运球的手由后向前抄打球，然后上步抢球。二人轮流进行打球训练。

3.断球技术的训练与提高

2人传球，2人在侧面或后面训练断球。体会横断球和纵断球的步法和手臂动作，攻守交换进行训练。注意开始训练时，传球距离远些，速度慢些，防守队员距进攻队员近些，然后逐步加大难度。

（二）防无球队员技术的训练与提高

（1）防投切选位练习。2人一组，进攻队员原地只做投切结合动作。防守队员快速移动脚步动作，及时调整重心、步法，做好防投防突的选位练习。

（2）攻守交换练习。2人一组，进攻队员在离篮6米左右，防守队员传球给进攻队员后立即对他进行防守。进攻队员则利用投突结合动作来进攻。练习数次后，攻守双方交换继续练习。

（3）抢位与防底线突破训练。防守队员在进行抢位与防底线突破训练时，当前锋队员在限制区两侧30°以下位置接球时，防守队员应卡堵其底线突破，抢防底线突破的位置，不让对方从底线突破。对方一接球，靠近底线的一只脚在前，并先堵死底线一侧。如果对方从底线突破，应快速滑步并结合堵截步将对方堵在底线外。训练中，要求防守须快速到位。先卡堵死底线，然后及时结合滑步和堵截步抢位堵底线，并时刻观察并注意防守对方的下一步动作。

（三）防有球队员技术的训练与提高

（1）队员在端线两侧站两列横队，面相对。教练员在端线中点向场内抛球，左右对应的两个队员快速冲向球，抢到球的队员向对面篮进攻，未抢到球的队员进行防守。

（2）2人一组，相距1.5米站立。持球人做出传球动作后，另一队员立即上步打球，二人轮流练习。

（3）2人一组，面对面相距1.5米站立，一人双手持球于腹前，另一人按抢球的动作要求，突然上步将球抢夺回来。持球队员由正常握球开始，逐渐加大握球力量，使抢球队员体会和掌握拉抢和转抢的动作方法。每人抢若干次后，攻守交换练习。

（4）2人一组，进行正面打运球队员的球的练习。在半场或全场一攻一守的练习中，一人进攻一人防守，防守队员紧紧跟随运球队员。当球刚从地面弹起时，突然打球，练习数次后，两人交换攻守继续练习。

（5）2人一组，一人持球突破，一人防守，做从背后抄打运球队员的球的练习。当进攻队员持球突破的一刹那，防守队员利用前转身上步，从运球队员身后，用靠近运球的手由后向前抄打球，然后上步抢球。练习数次后，两人交换继续练习。

（6）2人一组，分别站在篮下，一人将球抛向篮板，另一人跳起抢篮板球。当得球下落转身时，投球人立刻打球。两人轮流进行抢篮板球下落时的打球练习。

（7）3人一组，两人相距1米，中间一人持球向两侧摆动，两侧无球队员根据球的部位，及时抢球。然后持球队员逐步改做转身跨步和摆脱护球动作，另两名队员伺机抢球。完成一定次数后，两人交换攻守继续练习。

（四）抢防守篮板球技术的训练与提高

（1）队员站成两列横队，根据教练员口令做徒手原地双脚起跳，进行单、双手抢篮板球动作模仿训练。

（2）队员站成两列横队，要求面对面，保持一步间距，2人一组进行训练。根据教练员的信号，前排训练者做前转身、后转身挡住后排训练者。连续数次后进行交换训练。

（3）队员站成两列横队，每人一球，向头上抛球后起跳，用双手或单手做空中抢球训练。

（4）队员持球向篮板或墙上抛球后，上步起跳，用双手或单手在空中抢反弹回来的球。

（5）2人相距1米，对面站立，进攻队员运用假动作设法摆脱防守，抢占有利位置，防守队员利用转身设法将攻方挡住，并起跳模仿抢篮板球的动作。做一定次数后，攻守交换。

（6）2人一组，站在篮下两侧，轮流跳起在空中用双手将球托过篮圈，碰板传给同伴，须跳到最高点时托球，连续托球15～30次。

（7）队员在球篮两侧45°角成纵队站立，排头背对球篮。训练时教练员向篮板掷球，排头迅速转身挡人起跳抢篮板球，抢到球后将球回传给教练员，站到各自队尾，各队第二人再背对篮依次进行训练。

（8）3人一组在篮下分散背对球篮站立，当教练员向篮板掷球后，3人同时转身拼抢篮板球，抢到者立即投篮，其余2人进行防守。投篮不中，3人继续拼抢，直到投中。

第七章 青少年篮球人才战术能力的培训

战术能力对青少年篮球人才来说具有十分重要的意义。做好青少年篮球人才战术能力的培训工作，不仅有利于青少年篮球人才个人技术能力的充分发挥，也有利于全队整体作战能力的提高。

第一节 篮球战术基本知识的掌握

一、篮球战术的概念与指导思想

篮球战术是指篮球运动员在篮球比赛中通过合理、灵活地运用个人技术，来达到与个别队员之间以及整体队员之间的相互协调配合的组织形式和方法。

在篮球运动中，科学、合理地运用篮球战术，可以让本队的特长和优点充分发挥出来，实现对对方缺点和短处的制约，从而获得比赛主动权，达到预期的比赛结果。

需要指出的是，在篮球战术中，形式是行动的外部表现，方法是行动的内在要求，但最重要的是队员的能力，这也是战术行动的实质，因此不能忽视队员战术能力的提高。此外，篮球战术的运用还必须建立在遵循篮球运动基本规律和自身的条件的基础上，建立与自己特点相符的篮球攻防战术体系，才能够取得较为理想的战术运用效果。

二、篮球战术的体系与构成

（一）篮球战术的体系

篮球战术组织形式多种多样，方式方法千变万化，争夺范围时小时大，在实践中不断发展、创新，经过人们的总结、整理，已经形成了成比较完整的篮球战术体系，如图 7-1 所示。

```
                        篮球战术体系
                              │
        ┌─────────────────────┼─────────────────────┐
     整体进攻战术 ←───── 攻守转换 ─────→ 整体防守战术
        │                                           │
     ┌──┴──────┐                            ┌───────┴──┐
    快攻    阵地进攻                       防快攻    阵地防守
     │         │                             │         │
  ┌──┼──┬──┬──┐                          ┌──┼──┬──┬──┐
 进攻 进攻 进攻 进攻                      人盯 区域 紧逼 综合
 人盯 区域 紧逼 综合                      人防 联防 防守 防守
 人防 联防 防守 防守                      守
 守
     │                                           │
  几个人进攻基础配合                       几个人进攻基础配合
     │                                           │
   个人进攻行动                             个人进攻行动
```

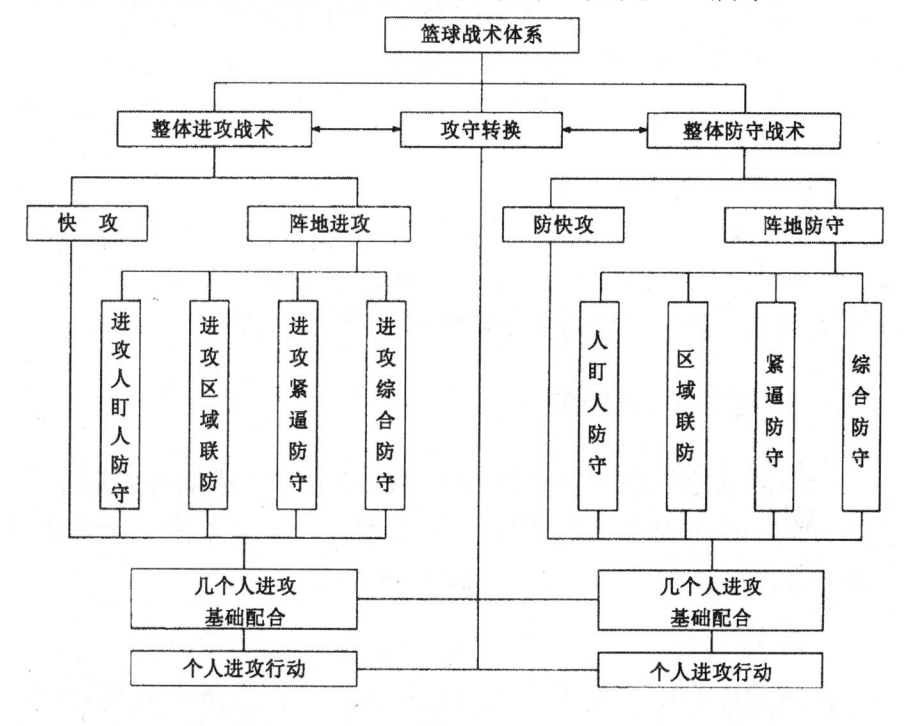

图 7-1

篮球战术体系的形成经过了长期发展的过程。20世纪 90 年代以前，人们根据篮球运动的对抗特征多将篮球运动战术分为进攻与防守两大系统。20 世纪 90 年代以后，随着人们对篮球运动认识的不断加深，篮球战术被分为了进攻、防守与攻守转换三大系统。根据参与战术行动的区域与人数，又将篮球战术划分为三个层次：个人行动、配合行动和整体行动。

1. 个人行动

个人行动主要可以分为个人进攻行动和个人防守行动两种。其中，个人进攻行动主要包括摆脱、助攻、突破、切入、攻篮等；个人防守行动主要包括防守有球队员和防守无球队员。

2. 配合行动

配合行动根据配合的状况可以分为进攻基础配合和防守基础配合两种。其中，进攻基础配合主要包括掩护、传切、策应和突分配合等；防守基础配合主要包括关门、夹击、穿过、挤过、绕过、交换、补防、逼守中锋等。

3. 整体行动

整体行动是需要全队人员参加的，它可以分为全队进攻行动和全队防守行动两种。其中，全队进攻战术主要包括快攻、阵地进攻；全队防守行动主要包括防快攻、阵地防守。

（二）篮球战术的构成

篮球战术的构成主要是指战术行动的各个组成部分的搭配。在篮球战术中，技术、战术阵势和战术方法是战术的三个基本要素，此外，还有战术意识和战术指导思想。

1. 技术

在篮球比赛中，战术的基础是技术，只有队员和队员之间有目的、有意识地在球场一定区域、条件和时机下运用技术才能构成战术。因此，可以说，在篮球比赛中，技术是战术实现的保证，只有技术全面、准确、熟练和实用，战术才能得到更好的实现，否则，再好的战术也会因为队员技术不佳而无法发挥出其应有的作用。正如运动活动理论所认为的那样，动作和行动是构成比赛活动的基本要素，动作是构成行动的最基本的元素。也就是说，技术是构成战术行动的基本元素，没有技术也就不会有战术存在。

2. 战术阵势

战术阵势是指战术活动中具有稳定的形态和行动的方式。在篮球比赛中，战术阵势运用的优劣是影响其比赛结果的重要因素之一。对于战术阵势的理解可以从多个角度进行，如对抗范围、攻守节奏、对抗程度等。从对抗范围来说，有针对全场的战术阵势、针对半场的战术阵势；从攻守节奏的角度来说，有速度快的战术阵势、速度慢的战术阵势；从对抗程度来说，有紧逼的战术阵势、松动的战术阵势。

每一种战术阵势都有各自的专用名词，这些专有名词会揭示该战术阵势的主要特点。例如，"8"字进攻法，表现出队员移动路线的特点和进攻的连续性；区域联防的"2—1—2""2—3""3—2"等阵势，用来应对不同特长的进攻。

3. 战术方法

战术方法指完成战术行动的原则、要求和程序，是战术行动构成的内在的基本要素，内容包括队员位置的部署、球和人移动的路线、攻击区域、配合时机、层次及变化等。战术方法的运用会对比赛的结果产生重要的影响，现有的战术方法是在实践规范中总结出来的，既需要队员有较高的技术运用能力，又需要有一定的阵势来保证队员技术的发挥

4. 战术意识

战术意识是运动员根据时下情况对战术在行动上的一种反应。战术意识明确反映了球员的战术思维能力，是球员在训练比赛中累积而成的宝贵经验，这些经验将保证球员在比赛中非常自然地根据战术意图和实际情况选择更为合理的行动方案，继而使战术得到更好的发挥。

5. 战术指导思想

战术指导思想是在篮球比赛中必须贯彻的重要思想，它可以对篮球战术的形成和运用起到积极的指导作用，因此，在篮球比赛中，篮球战术的指导思想是不容忽视的。

篮球战术指导思想主要可以分为两种，一种是长期性的战术指导思想，是指在篮球运动训练与比赛活动全过程当中都执行的指导原则，如积极主动、勇敢顽强、快速灵活、全面准确等口号，实际上就是在全队中注入了这种战术指导思想；另一种是短期性的战术指导思想，是指针对某一场比赛或某几场比赛而专门制定的战术方法的原则，如稳扎稳打、以快制高、以外制内、内外结合等。一支篮球队确立自己的战术指导思想是非常重要的，它能够确保球队的战术体系风格鲜明，使战术在比赛中得到更好的贯彻。

三、篮球战术的特点与位置分工

（一）篮球战术的特点

篮球战术主要具有以下几个特点：

1. 目的性与针对性

在篮球运动中，运动员所组织和运用的战术都是有一定的制胜目的的，因此篮球战术具有目的性的特点。这一特点要求篮球战术的组织和运用必须要符合以下要求：制定战术应充分了解本队的实际情况，在此基础上以队员的身体、技术等条件为主要依据，选择合适的攻守战术形式和方法，做到战术策略与本队水平相符，如果战术超出了队员的能力，即使再好也无法发挥出其应有的作用。

篮球战术的针对性主要体现在两个方面。第一，在运用战术的时候，战术方法的使用具有针对性，具体表现为要针对对方的特点采取有效的制约和限制措施，为取得比赛中的主动权奠定基础。第二，在运用战术的时候，战术方法的选择会根据实际情况进行有针对性的调整。

2. 个体性与整体性

篮球战术在制定的时候需要充分考虑队员的个体情况，它体现的是队员个性的技术运用能力和特长，因此具有个体性的特点。

作为一项集体运动，篮球运动所使用的战术离不开集体性，这是因为，在通常情况下，篮球战术需要赛场上每名队员的战术行动的相互配合。具体来说，比赛过程中，篮球战术的成功运用要求每名队员的活动不能是孤立的，队员之间要默契配合，个体活动必须在同伴活动的背景下实施。也就是说，篮球比赛战术的成功实现不仅依赖于队员个人活动的合理性和创造性的发挥，还与队员之间的协同配合有着非常密切的关系。

3. 综合性与多样性

在篮球运动中，战术都是综合运用的，这主要表现在两个方面。第一，篮球战术在运用的过程中，既有进攻，又有防守，既有个人行动，又有配合行动，表现为进攻与防守相结合、个人行动和配合行动相结合。第二，在具体的运用过程中，表现为多种进攻战术对付多种防守战术（如混合防守、移动进攻法和利用）、综合防守战术对付不同特点的进攻战术。

在篮球运动中，战术的形式和方法是多样化的。随着篮球运动的不断发展，篮球战术的内容也在不断丰富，只有尽可能多地掌握篮球战术的形式和方法，才能在比赛中积极争夺比赛主动权。

4. 原则性与机动性

在篮球运动中，只有遵循一定的原则，才能够让战术变得有章可循。因此，篮球战术具有原则性的特点。

由于篮球运动具有错综复杂、瞬息万变的特点，因此，篮球战术的运用需要具有一定的机动性，要允许篮球运动员机动灵活地选择战术以应对复杂多变的比赛形势。因此，篮球战术具有机动性的特点。

（二）篮球战术的位置分工

在篮球运动中，位置分工是篮球战术的重要内容之一。只有每个队员做好自己的本职任务，才能保证全队有好的发挥。随着世界篮球运动的不断发展和进步，篮球运动员在赛场上的战术位置也逐渐趋于全面和机动，但在一般水平的篮球比赛中，通常还是将队员的位置分为前锋、中锋和后卫三个，不同的位置有不同的分工。

1. 前锋

前锋位于攻防前沿，由守转攻时，前锋经常处于冲锋陷阵的第一线，是快攻的突击手和主要得分手。在阵地进攻时，前锋需要在罚球线两侧、底线两角或篮下的位置进行个人攻击，还要和同伴组成各种进攻战术配合。在防守时，前锋除了要完成自己的防守任务外，还需要与同伴配合完成各种防守战术，要对对手进行积极阻截。在后场的时候，前锋要防守住对手切入篮下和投篮，同时还要协助其他队员进行防守。另外，前锋还要积极去拼抢攻、防篮板球。前锋的位置和分工要求重充当前锋的篮球运动员必须要具有机智灵活、勇猛顽强的精神，具有在任何情况下都能自信地投篮、及时地助攻及积极拼抢篮板球的能力。

2. 中锋

中锋在攻防过程中，通常落位于内线，即近篮区，处于中枢位置上。在篮球比赛中，中锋必须能在内线密集防守的情况下完成各种投篮动作，抢篮板球力争二次进攻，并给同伴做策应、掩护和中投等配合行动。在阵地进攻中，中锋应落位于对方的篮下，活动的范围要大，能进行策应和掩护，并且进攻得分的能力要强。当比赛由攻转守时，中锋应及时退防，并密切关注

第七章　青少年篮球人才战术能力的培训

对方中锋的意图和行动方向，负责组织本队篮下防守。同时中锋还要机动灵活地协防，并控制好后场的篮板球。

中锋可以分为两种，第一种是内中锋，又被称为"第一中锋"，指的是在比赛进攻时布置在篮下以内线攻击为主的中锋队员。内中锋一般是背篮活动，这是由他们所承担的任务和所处的位置决定的；第二种是外中锋，又被称为"二中锋"，指的是在外线承担组织配合和攻击的中锋队员。外中锋需要在篮下进攻，在罚球线和两个底角处时要进行投篮或持球突破，此外还要与本队对员策应，进行纵向和横向的掩护配合等。

由于中锋的位置很重要，因此对中锋队员的身高、个人攻击能力、战术意识等要求比较高。在一个篮球队中，中锋通常由身材高大、技术全面、反应能力快速灵活的队员担任。同时，担任中锋的队员还要求具备良好的耐力、弹跳力和对抗能力，且头脑冷静，并善于在篮下居中策应和运用多种方法进行精准的投篮，拥有较强的防守与控制空间的能力，且善于拼抢篮板球。

3. 后卫

后卫通常位于全队战术阵型后方，担负着临场全面组织和指挥的重任，此外还担负着教练员联系场内队员的纽带作用，以及教练员"头脑延伸"的作用。在阵地进攻时，后卫一般活动在罚球圈顶外围两侧区域，负责球的转移和点面的联系，为同伴创造进攻机会。在由攻转守时，后卫队员处于退守的第一线，需要堵截对方发动快攻，延缓对方的推进速度。在后场防守时，后卫除了积极防守对手的外围投篮、传球和突破外，还要协助同伴夹击、围守、积极抢断球。

后卫一般由技术全面、控球意识强、沉着冷静，并善于判断和支配球，具有很强的组织指挥能力，在全队中起着核心作用的队员担任。

第二节 青少年篮球基本战术教学

一、青少年篮球进攻战术的教学

（一）青少年篮球进攻战术基础配合的教学

1. 青少年篮球进攻战术基础配合的主要教学内容

（1）传切配合

传切配合是指利用传球和切入技术所组成的简单的配合，这种配合通过队员之间的传球和切入来创造进攻的机会，以达到预定的进攻目的，主要包括一传一切配合和空切配合。

一传一切配合是指持球队员传球后，利用起动速度或假动作摆脱防守，向篮下切入接回传球投篮的配合。

空切配合是指在篮球比赛中，无球球员掌握时机摆脱对手，切向防守空隙区域接球投篮或做其他进攻配合。

（2）策应配合

策应配合是指在篮球比赛中，进攻队员背对或侧对篮接球，以它为枢纽，与同伴里应外合。策应配合一般是高大的中锋经常采用的。

（3）掩护配合

掩护配合是指在篮球比赛中，掩护队员采用合理的行动，以身体挡住同伴的防守者的移动路线，帮助同伴摆脱对方防守的战术。根据掩护队员的身体位置和方向，可以将掩护分为前掩护、侧掩护和后掩护三种。其中，前掩护配合就是掩护队员跑到同伴防守者的身前，用身体挡住防守者的移动路线，使同伴伺机摆脱防守；侧掩护就是掩护队员在持球队员的侧面做掩护，掩护后及时移动到有利的位置去接球或抢篮板球；后掩护是指前锋为后卫做掩护的一种掩护方式。

2. 青少年篮球进攻战术基础配合的教学步骤

第一，进攻战术基础配合的主要教学内容应安排在基本技术教学之后、防守战术基础配合之前进行。首先通过讲解和演示的方法使学生明确基础配合的概念、配合方法、移动路线、动作的时机、行动的顺序等。

第二，先进行传切和掩护的教学，再进行突分配合的教学，最后进行策应配合的教学。

第三，在教掩护配合时，应先教无球队员之间的掩护，再教有球和无球队员之间的掩护。教策应配合时，先教两人配合，后教三人配合。

第四，在掌握基本的配合方法之后，增加对抗性的练习，以巩固提高配合质量，掌握配合变化规律。

（二）青少年篮球整体进攻战术的教学

1. 青少年篮球整体进攻战术的主要教学内容

（1）快攻战术

快攻是由防守转入进攻时以最快的速度、最短的时间，在人数上造成以多打少的优势，或者是在人数相等以及人数少于对方的情况下，趁对方立足未稳，果断地组织攻击的一种快速进攻战术。

（2）进攻区域联防战术

进攻区域联防战术是在进攻时所使用的，科学运用进攻区域联防战术可以加大取胜的几率。

（3）进攻人盯人防守战术

进攻人盯人防守战术按照进攻范围的不同可以分为进攻半场紧逼人盯人防守战术和进攻全场紧逼人盯人防守战术。

进攻半场紧逼人盯人防守战术常采用的阵型有"3—2"阵

型（图7-2）、"2—2—1"阵型、"1—3—1"阵型、"1—2—2"阵型（图7-3）、"1—4"阵型等。

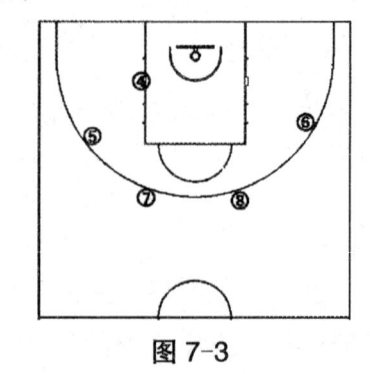

图 7-2　　　　　　　　　图 7-3

进攻全场紧逼人盯人防守的战术阵势主要有两种，即进攻时的全场紧逼人盯人防守战术和由守转攻时的全场紧逼人盯人防守战术。采用全场紧逼人盯人防守战术时，队员以最快速度分布到全场，扩大对方的防守范围，从中寻找对方的防守的薄弱之处和空当，对其进行个人战术攻击和配合攻击。当局面开始由守转攻时，既可以采用快速进攻也可以采用"逐步"进攻。

2.青少年篮球整体进攻战术的教学步骤

（1）快攻战术的教学步骤

第一，快攻战术一般安排在攻、守战术基础配合之后进行教学。快攻教学应结合技术教学反复练习，技术是完成战术的基本保证。

第二，教学中，应先教长传快攻，再教短传和与运球相结合快攻；先教快攻的发动与接应，再教快攻的结束阶段；最后学习快攻推进与全队配合。

第三，快攻战术教学应先在固定形式下练习快攻的基本方法，逐步过渡到机动情况下练习，从无防守过渡到消极防守，直至在积极防守情况下进行练习。

（2）进攻区域联防战术的教学步骤

第一，要向队员讲清楚进攻战术队形和配合方法，使队员获得完整的战术概念。

第二,在教学中,可以以"1—3—1"阵型的进攻方法为教学重点。根据本队的具体情况,确定进攻战术方法和队员的位置分工。

第三,进行战术的分解练习。先练习运用传球调动防守,创造以多打少的机会。

第四,练习穿插移动,通过不停的移动,造成局部负担过重,打乱防守部署,以多打少。

第五,在球和人都动的情况下,进行完整战术的练习。

(3)进攻人盯人防守战术的教学步骤

第一,向队员讲解整套战术方法的队形、配合的发动、移动的路线、攻击的机会和战术的变化等,讲解的过程中要边讲解边示范。

第二,先教进攻半场紧逼人盯人防守,之后再教全程紧逼人盯人防守。

第三,在进攻全场紧逼人盯人防守的教学中应采用分解教学法,先学习前场和中场的配合方法,再学习整体战术配合方法。练习时,重点加强后场和中场的掩护、传切、突分和策应配合的训练,同时加强由守转攻时的反击速度和意识的训练。

二、青少年篮球防守战术的教学

(一)青少年篮球防守战术基础配合的教学

1.青少年篮球防守战术基础配合的主要教学内容

(1)防守掩护配合

防守掩护配合主要分为四种,即穿过配合、绕过配合、挤过配合和交换配合。

穿过配合一般在无投篮威胁时运用。通过穿过配合可以达到破坏掩护配合、及时防住自己对手的目的。

绕过配合可以达到破坏对方掩护配合的目的,同时能有效防守对手。

挤过配合是常见的防守掩护配合方式,能够对对方的掩护配合起到很好的破坏作用。挤过配合运用得好,常常会起到较为理想的得分效果。

交换配合主要是防守队员之间及时交换自己所防守的对手,目的是破坏进攻队员的掩护配合

(2) 关门配合

关门配合主要用于区域联防,是一种两名防守队员靠拢协同防守突破的配合方法。

(3) 夹击配合

夹击配合是指两个以上的防守队员利用对手在场地边角运球或运球停止时,突然快速上前封堵和围夹持球者的一种防守配合方法。这是一种很有效的防守方式,常常会让对方的进攻意图放缓。

(4) 补防配合

补防配合在篮球运动中运用得较为广泛,运用率也较高。具体来说,补防配合就是某个防守队员在同伴出现漏防时,放弃自己的对手而去防守同伴所漏防的那个相对更强、威胁更大的进攻队员。

2.青少年篮球防守战术基础配合的教学步骤

第一,首先通过讲解和演示等方法,使青少年明确基础配合的概念、配合的方法、移动的路线、行动的顺序、运用的时机和要求等。

第二,先从"关门配合"教起,接着教交换防守的配合,之后是穿过配合、挤过配合等。在教交换防守的配合是重点要放在交换防守后两人的正确及时的调位上。在教穿过配合时重点要放在让青少年掌握好穿过的时机上。在教挤过配合时重点要放在被掩护的同时要主动提腰跨步蹬地抢步防守上。

第三,防守战术基础配合的教学训练,首先应掌握单个基础配合的基础教学,再重点进行基础配合之间的衔接教学,然

第七章　青少年篮球人才战术能力的培训

后进行防守基础配合的组合与综合变化的教学，最后过渡到基础配合的对抗教学训练。

（二）青少年篮球整体防守战术的教学

1. 青少年篮球整体防守战术的主要教学内容

（1）防守快攻战术

防守快攻战术在篮球整体防守战术中具有重要的地位。从整体上看，篮球整体防守战术中防守快攻战术主要有以下几种形式。

第一种形式，拼抢前场篮板球。拼抢前场篮板球可以有效制约对方发动快攻，从而实现防守。因此，在篮球比赛中，要积极拼抢前场篮板球。

第二种形式，堵截对方第一传和接应。对快攻的第一传和接应进行有组织的堵截，是使其快攻失败的关键动作。具体的方式如下。

当对手拿球由守转攻时，离持球队员最近的防守队员要迅速上前封堵对手的传球路线，伺机夹击防守，干扰其第一传，同时，本队的其他队员要切断接应路线，伺机断球，延缓其进攻速度，争取时间布防。

当对方发动后场端线球快攻时，本队的运动员要迅速退防，防止被对方队员偷袭；与此同时，本队防守队员要全力封堵对手发端线球，延缓其进攻速度，组织好防守阵型。

第三种形式，控制对手推进。一般来说，在篮球比赛中，当对方发动快攻时，领防队员要与持球者保持适当距离，控制好自己的后撤速度，以形成对对手的推进速度的控制，争取时间转入阵地防守。

第四种形式，防守快下队员。由攻转守时，防守队员应积极堵截中场，使进攻队员不能长驱直入篮下，另外，还要积极运用快速退守，并追截沿边线的快下队员。

第五种形式，提高队员以少防多的能力。当对方成功发动快攻时，常会出现以少防多的不利局面，在这种情况下，本队防守队员防守能力的高低就成了关键。因此，提高队员以少防多的能力是应对快攻战术的有效方法之一。具体来说，以少防多主要有以下几种情况。

第一种情况，以一防二。以一防二时，防守队员要绝对的冷静，选择防守位置时要注重人球兼顾，移动要积极，以便为退守争取时间。在防守过程中要注意观察对方的意图和行动，看准时机迅速、果断地抢断，封盖、干扰对方投篮，并积极抢篮板球。

第二种情况，以二防三。以二防三时，本队的两名防守队员要积极移动，紧密配合，内外兼顾，左右照应。其中一名队员要侧重对付有球的队员，另一名队员要注意所选位置的合理性，所选的位置要既能控制篮下，又能同时兼顾两名无球队员的行动，并要看准时机，果断进行抢、断球，争取转守为攻。具体来说，以二防三的方式主要有三种：①两人平行站位防守。两人平行站位防守常使用在对方两侧边线是突破能力较强的队员，但中路防守较弱的情况下。在防守过程中，队员应兼顾场上其他队员的行动，随球的转移积极防守有球队员；②两人重叠站位防守。两人重叠站位防守队形可有效地阻止对方中路突破，做到人球兼顾，但移动补防距离较长；③两人斜线站位防守。两人斜线站位防守常使用在对方进行短传推进时，这时如果不能立即上前堵截，可先选择偏左的位置防守，并伺机移动堵截对方持球队员。

（2）区域联防战术

区域联防战术可以分为"2—1—2"联防、"2—3"联防、"3—2"联防和"1—3—1"联防四种形式。

"2—1—2"联防，即前边站两名队员，中间站一名队员，后边站两名队员（图7-4）。这种联防的优点是队员的分布比较均衡，移动距离近，便于相互协作，控制篮下，有利于抢篮板球和发动快攻；缺点是三分线的正面、30°～45°区及篮下是防守的薄弱区域。

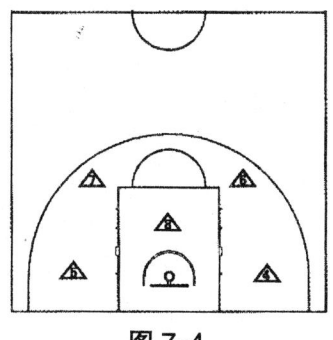

图 7-4

"2—3"联防，即前面站两名队员，后面站三名队员（图7-5）。这种联防的优点是篮下防守力量较强，有利于争夺篮板球；缺点是正面及35°～45°角区是防守的薄弱区域，容易造成进攻队投篮。

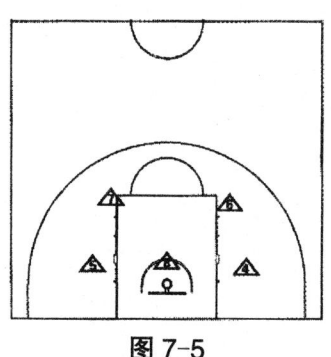

图 7-5

"3—2"联防，即前面站三名队员，后面站两名队员（图7-6）。这种联防的优点是外围防守得到加强，有利于防守外围中、远距离投篮和抢断球发动快攻；缺点是两个场角及限制区是防守的薄弱区域，不利于防守两个场角的中远距离投篮和篮下进攻，也不利于抢篮板球。

"1—3—1"联防，即前面站一名队员，中间站三名队员，后面站一名队员（图7-7）。这种联防的优点是可加强正面、罚球区和两侧的防守，有利于防止正面、罚球区和两侧的投篮和抢篮板球发动快攻，有利于分割进攻队前、后、左、右之间的联系，造成进攻队员之间传球的困难；缺点是两个50°～70°角区、底线及两个场角是防守的薄弱地区。

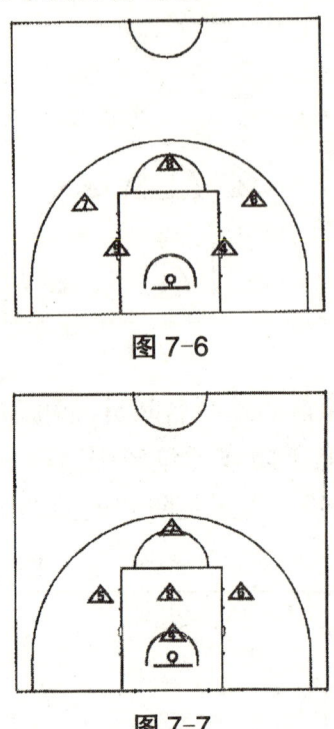

图 7-6

图 7-7

（3）人盯人防守战术

人盯人防守战术是篮球运动运用最普遍的一种战术。它是每个防守队员对对方的一名进攻队员进行严加防守，同时队友间进行协同合作的防守。根据防守范围的不同，人盯人防守战术可以分为以下几种：

第一种，半场人盯人防守战术。半场人盯人防守战术可以分为半场扩大人盯人防守战术和半场缩小人盯人防守战术。

半场扩大人盯人防守战术通常是在对方外围投篮准确，但突破能力及全队的整体进攻配合质量较差的情况下使用；或者是在需要加强外线防守、切断内外联系，让中锋没有获球机会的情况下使用。半场扩大人盯人防守的优点是可以有效遏制对方的习惯打法；缺点是队员的体能消耗很大，不利协防，容易出现漏人的现象，因此，在使用半场扩大人盯人防守战术时，对于无球队员的防守，位置的选择最重要。

一般来说，半场人扩大人盯防守主要可以分为三种，即球在正面时的防守、球在底角时的防守、球在45°角时的防守。无论是哪种防守，都应该紧盯对方持球队员，不能让他投篮或从容地传球，同时还要严防他从底线突破。此外，还要加强对对方不持球队员的防守，防止对手接球，尤其是在篮下接到球时，更应当果断绕前进行防守。

半场缩小人盯人防守通常是在对方篮下攻击力较强、外围攻击力较弱的情况下使用。这种防守战术基本控制的防守区域是在半场的1/2区域内，优点是防守区域较小，有利于协防，控制内线进攻、抢篮板球后组织快攻反击。

半场缩小人盯人防守也可以分为三种，即球在正面时的防守、球在底角时的防守、中锋接到球时的防守。

第二种，全场紧逼人盯人防守战术。全场紧逼人盯人防守战术根据全程防守范围的不同可以划分为前场防守、中场防守和后场防守三种，不同的防守区域有不同的防守任务。

2.青少年篮球整体防守战术的教学步骤

（1）防守快攻战术教学步骤

第一，防守快攻要与快攻教学结合进行，一般在快攻教学完成之后再教防守快攻，以提高攻守质量。

第二，防守快攻教学应先采用分解法，然后再进行整体防守战术的教学。

第三，通过教学比赛，不断提高防守快攻的质量。

（2）区域联防战术教学步骤

第一，区域联防战术教学应安排在人盯人防守及进攻人盯人防守之后进行，并与防快攻紧密结合。

第二，在进行练习前，应向学生讲清楚区域联防的队形和战术配合方法的完整概念，让队员掌握区域联防的基本原理，明确各种防守阵型、战术特点及作用。

第三，要进行区域联防的分解练习。一般以2—1—2区域的教学为主，在此基础上学习其他的防守阵型。

（3）人盯人防守战术的教学步骤

第一，要使队员明确人盯人防守的基本概念和基本原则。

第二，要讲清人盯人防守的基本要求和方法。

第三，进行半场人盯人防守战术、方法的练习，先练半场缩小人盯人防守，后练半场扩大人盯人防守。

第四，全场紧逼人盯人防守要安排在半场人盯人防守教学之后进行，与进攻全场紧逼人盯人防守教学结合起来。

第五，在全场紧逼防守教学中，重点学习前场和半场的紧逼防守方法。先进行两、三人配合练习，后进行全队战术配合练习。

第三节　青少年篮球基本战术训练与提高

一、青少年篮球进攻战术的训练与提高

（一）青少年篮球进攻战术基础配合的训练与提高

1. 传切配合的训练与提高

（1）传切配合的训练要求

第一，必须要有一定的配合空间，切入的路线要合理。

第二，切入队员要根据场上情况掌握切入时机，切入篮下并接队友的传球完成投篮。

第三，传球队员要善于利用运球、突破或假动作来吸引和牵制对手，传球动员的动作要隐蔽，当切入队员处于有利位置时，应及时、准确地将球传给他。

第七章 青少年篮球人才战术能力的培训

（2）传切配合的训练方式

第一种，二人传切的训练方式。如图 7-8 所示，④传球给⑤后做向左切入的假动作，然后变向从右侧切入，⑤接球后回传给④的下一位队员，并做向底线切的假动作，然后变向从左侧横切。④切入后至⑤队尾，⑤至④队尾。依次进行练习。

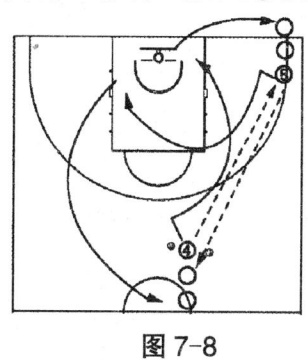

图 7-8

图 7-9

第二种，三人传切的训练方式。如图 7-9 所示，④与⑤各持一球，④传球给⑥后从右侧切入接⑤传球投篮。⑤传球给④后，横切接⑥传球投篮。④、⑤投篮后自抢篮板球传给本组的另一人。按逆时针方向换位，连续进行练习。

2. 策应配合的训练与提高

（1）策应配合的训练要求

第一，策应队员应快速摆脱对手，并迅速站立有利的策应位置，接球时要两脚开立、两膝弯曲，两肘外展保护球。

第二，策应队员要对现场情况进行正确判断，并将球传给进攻位置最有利的队友，同时还应注意自己的进攻机会。另外，传球后还应注意转身跟进，随时准备抢篮板。

第三，策应队员应采取积极有效的措施（如转身、跨步、假动作等），协助队友尽快摆脱防守，减轻进攻压力。

第四，外线的队员传球后，应采用突然、快速起动或假动作等迅速摆脱防守，切入，绕出，接到策应队员的传球后迅速做出最佳选择：投篮、突破或传球。

(2) 策应配合的训练方式

第一种，如图 7-10 所示，开始时④持球突破，在突破中跳起分球给向两侧移动的⑦，⑦在接球后做投篮动作，然后传球给⑤，⑤接球后从底线或内侧突破，跳起传球给接应的⑧。位置交换，④到⑦队尾，⑦到④队尾。突破要有速度，注意保护好球。接应分球的队员要移动及时。

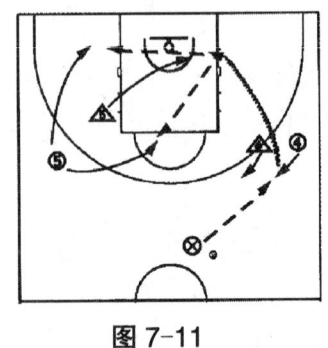

图 7-10   图 7-11

第二种，如图 7-11 所示，⊗传球给④，④接传球后向篮下运球突破，当遇到△补防时，将球分给移向空位的⑤，⑤接球投篮。△、△抢篮板球回传给⊗。④接球前要做摆脱动作，突破时保护好球，⑤要及时突然移动至空隙地区接应。

3.掩护配合的训练与提高

(1) 掩护配合的训练要求

第一，掩护目的要明确，注意行动的隐蔽，同时避免犯规。

第二，被掩护者要主动贴近掩护者，且不能留有空隙，以防防守队员挤过。

第三，防守队员换防时，掩护者应采取护送措施，参与进攻。

第四，进攻队员在进行掩护配合时，应做到配合默契，掌握好进攻时机，及时行动，动作果断，节奏分明，并结合场上防守的具体情况，组织突破、中投或内线进攻。

(2) 掩护配合的训练方式

第一，如图 7-12 所示，将练习者分成两组，⊗站在④身前充当防守者，⑥跑到⊗侧后方给④做侧掩护，④先做向左跨步切入假动作,待⑥做好掩护后,及时向另一侧切入,⑥适时地后转身跟进。然后两人互换位置,轮流进行练习。

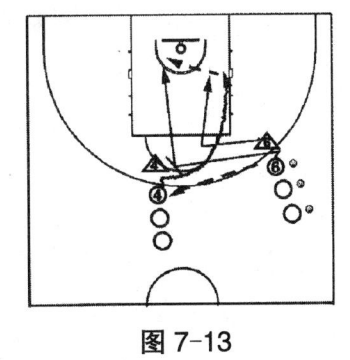

图 7-12　　　　　　　　　图 7-13

第二,如图 7-13 所示,⑥传球给④,然后去给④做侧掩护,④利用掩护运球切入时,△△换防,④可将球传给转身跟进的⑥投篮。

(二)青少年篮球整体进攻战术的训练与提高

1. 快攻战术的训练与提高

(1)快攻战术的训练要求

第一,整体快速反击意识是运动快攻战术的前提,在实际训练过程中,要注意对整体的快速反击意识进行培养和增强,不能错过任何一次能够进行快攻的机会。

第二,要在训练中树立敢打敢拼、勇猛顽强的作风。

第三,在进行快攻时,进攻队员要有层次、有组织、合理地按照阵型进行分散。

第四,为了避免错失有利进攻时机,在整个快攻过程中,个体和整体行动都要尽量缩短推进时间。

第五,纵深队形应贯穿快攻战术的始终。要将纵深队形始终贯彻于发动、接应、阵型分散快下和跟进的整体行动中,使进攻范围扩大,增加攻击点。

第六,快攻的目的是投篮得分,快攻结束阶段,在对方限制区内应减少不必要的传球,动作要果断、快速、隐蔽,不要降低进攻速度,同时要果断投篮和强抢篮板球。

第七,快速反击的过程中,要有明确的目的性,对于进攻节奏的控制要善于把握和调整,同时还应重视快攻结束后由攻转守的部署。

(2) 快攻战术的训练方式

①长传快攻

长传快攻可以分为抢篮板球后长传快攻、抢篮板球后接应发动长传快攻、掷后场底线球长传快攻和断球长传快攻四种。

抢篮板球后长传快攻的具体方式如图7-14所示。⑤抢到篮板球后,对场上的人、球情况进行仔细观察,并做出判断,掌握发动快攻的时机,⑦和⑧及时快攻超越防守。⑤根据情况,长传球给⑦或⑧进行投篮。④、⑤、⑥随后插空跟进。

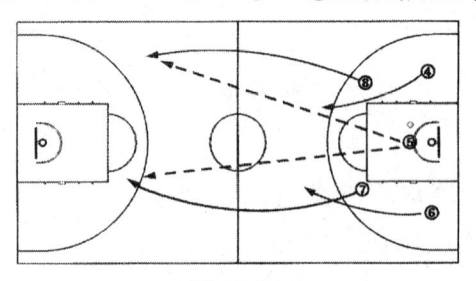

图 7-14

抢篮板球后接应发动长传快攻的具体方式如图 7-15 所示。当⑤抢到篮板球后,⑦和⑧已经快下,但由于受到△的严密防守,⑤不能及时长传,此时⑤可立即将球传给⑥,⑥接应后根据场上情况,迅速将球长传给已经快下的队员⑦和⑧进行投篮。

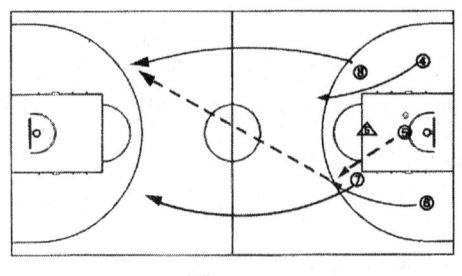

图 7-15

掷后场底线球长传快攻的具体方式如图 7-16 所示。当对方投中篮后，离球近的⑥立即捡球跨出底线，迅速掷界外球，快速将球长传给快下的④或⑤进行投篮。

图 7-16

断球长传快攻的具体方式如图 7-17 所示。△抢断⑥的传球后立即将球传给快下的△或△进行投篮。

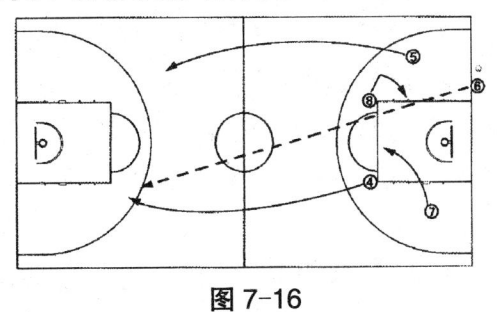

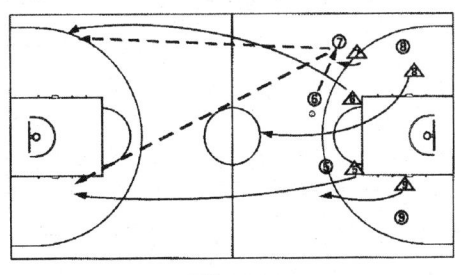

图 7-17

②运球突破快攻

运球突破快攻是指在抢断球或获得篮板球后，抓住进攻时机，快速运球超越对手直攻篮下得分的快攻形式。在这个过程中，需要注意速度和对方的进攻人员。

2.进攻区域联防战术的训练与提高

（1）进攻区域联防战术的训练要求

第一，进攻区域联防强调的是快速，在任何地方获得球权都要马上发动快攻，争取在对方布防完备的时候尝试进攻。

第二，训练快攻不成转为阵地进攻时所形成的攻区域联防阵型要有针对性，进攻时要抓住对方防守的弱点。

第三，要布置突破口和远投手，注重内线和外线的分工和配合，针对其防守特点，在外线进攻使其防守区域扩大。

第四，要造成对方局部空虚，采用移动、投、突相结合，使其防守战术实效，获得更多的攻击机会。

第五，要在进攻后应当立即拼抢进攻篮板球，并注意攻守平衡。

（2）进攻区域联防战术的训练方式

篮球进攻区域联防战术形式较多，在这里，我们主要以"1—3—1"阵型和"2—1—2"阵型为例来对区域联防进攻战术的训练方式进行阐述。

①"1—3—1"阵型中进攻区域联防战术的训练方式

在"1—3—1"阵型中，其进攻区域联防战术主要有三种，即中锋策应进攻，背插、溜底线进攻和三角穿插进攻。

中锋策应进攻主要由中锋进行主导。当外围队员将球传给中锋之后，中锋除了进行个人攻击外，还有三种选择：第一种，将球传给横切的同伴；第二种，将球传给空切篮下的同伴；第三种，将球给后卫队员。

背插、溜底线进攻要求本队的三名外线队员在传球过程中调动防守，组织中、远距离投篮，迫使对方扩大防区。如果没有机会，一旦本队的外线队员接球时，同为外线的同伴立即背插至右侧底角，接传球后，远投或回传给同伴组织进攻。

三角穿插进攻如图7-18所示，当⑦接到⑧的传球后，持球向左移动，⑥向左前方跳步接⑦的传球，由于⑥已进入投篮攻击点，△出来防守⑥，此时内线④斜插篮下要球，△必然去跟防守④，紧接着⑤向罚球线远端斜插要球，△紧随其上，⑧同时空切篮下接⑥传球上篮，这时△因为是背对⑧，所以不会去防守⑧。该战术先后出现3次战机，成功的关键是穿插要球逼真，连续穿插衔接紧凑到位，传球及时到位。

②"2—1—2"阵型中进攻区域联防战术的训练方式

在"2—1—2"阵型中，中锋策应底线进攻主要是针对"3—2"区域联防进行的，目的是迫使对方改变防守队形，主要采用的是中锋策应、外围穿插、溜底线投篮等形式。在这里，主要对中锋策应底线进攻进行阐述。

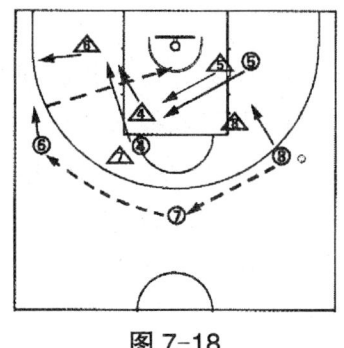

图 7-18

在"2—1—2"阵型中,中锋策应底线进攻中的中锋策应底线进攻方式如图 7-19 所示。当⑥接到⑦的传球,见⑧从右侧溜底到左侧,就向篮下持球突破,使△和△关门防守,⑤上提接⑥突破分回传球,再传给溜底线过来的⑧,④下移把△挡在身后,所以⑧投篮是很好的机会,这时④、⑤、⑦准备去抢前场篮板球,⑥撤到安全区域。

图 7-19

3.进攻人盯人防守战术的训练与提高

(1)进攻人盯人防守战术的训练要求

①进攻半场人盯人防守战术的训练要求

第一,要提高运动员的各项身体素质使之适应战术的要求。

第二,在进入半场后,要快速站住位置,进行相应阵型的组织。

第三,要通过配合和变化来实现战术意图。

第四,要组织进攻配合注意各个方面的配合,从而扩大攻击面,增加攻击点。

第五,要让配合衔接得更好,以加强进攻的连续性。

②进攻全场紧逼人盯人防守战术的训练要求

第一,进攻队员一定要沉着冷静,在行动上保持一致,从而通过快速反击来打乱对方的防守部署。

第二,在实行战术时,场上队员应保持一定距离和分散队形,使对方的防区扩大从而便于突破。

第三,要尽量让控制球能力强的队员拿球,以便运用突破来打乱对方的防守。

第四,进入前场后要根据攻守双方分散、落位的情况,迅速落位、布阵,转入阵地进攻。

(2)进攻人盯人防守战术的训练方式

①进攻半场紧逼人盯人防守战术的训练方式

进攻半场紧逼人盯人防守战术常采用的方法主要有掩护突破与空切配合、掩护策应与传切配合。

掩护突破与空切配合的具体方式如图7-20所示。当⑥传球给⑤之后,④提上给⑤做掩护,⑤借助④的掩护持球突破到篮下;同时⑧提上给⑦做掩护,然后转身插向篮下,准备接⑤的分球或抢篮板球,同时⑦借助⑧的掩护插向底线,准备接⑤突破分球,当⑤突破篮下时便会拥有四种选择:第一种,自己上篮;第二种,分球给⑦,让⑦投篮;第三种,分球给④,让④投篮;分球给⑧,让⑧投篮。

图 7-20

掩护策应与传切配合的具体方式如图7-21所示。当⑥传球给⑦之后迅速去给⑤做侧掩护，④做假动作后插到罚球线上要球，⑧去给⑦做侧掩护，⑦传球给④后，借⑧的掩护向篮下快下，⑤借助⑥的掩护插到圈顶准备策应跳投，④根据情况做策应跳投或传给⑦，让⑦投篮。

图 7-21

②进攻全场紧逼人盯人防守战术的训练方式

在这里，我们重点分析下"逐步"进攻时的训练方式，从整体上看，"逐步"进攻时的训练方式主要有以下几种。

第一种，掩护配合。其训练方式如图 7-22 所示（此处以三人掩护为例）。当对方全场紧逼掷端线界外球时，⑤⑥⑧迅速在罚球线附近面对④成掩护横队，⑦在罚球区的另一侧。这时需要④能够准确传、运球，⑦能够快速突破、准确投篮；⑤和⑥作接应，⑧作为中锋要做好跟进策应和强攻篮下的准备。配合开始时，⑦向端线跑动，当遭遇对方阻拦时，迅速反跑，快下，接长传球快攻，⑤和⑥则向边线移动。如果④将球传给⑧，⑧要迅速沿右侧边线快下，⑤则要迅速摆脱防守斜插中路接应，并运球突破，争取与⑧、⑦在前场以多打少。

图 7-22

第二种，策应配合。其训练方式如图 7-23 所示。当④掷端线球时，⑥快速摆脱防守，接应第一传。④斜线跑动进场接回传球，⑦中场策应，⑤快速摆脱到篮下，⑧再摆脱防守策应要球，传球给⑤，⑤运球上篮，或等待同伴进入前场后准备进行阵地进攻。

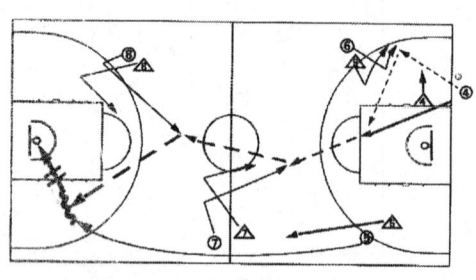

图 7-23

第三种，运球突破。其训练方式如图 7-24 所示（此处以中路运球突破为例）。当⑦掩护⑤去接应一传时，④迅速从中路运球推进，⑤利用⑦的掩护从边路快下，⑧和⑥交叉跑动，如果④在运球中遇到堵截，就将球传给⑥或⑧，⑥或⑧接球后运球突破前场，直奔篮下准备上篮。

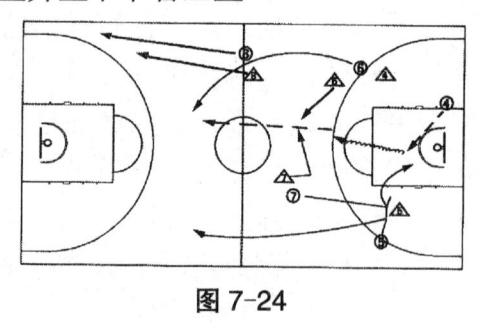

图 7-24

二、青少年篮球防守战术的训练与提高

（一）青少年篮球防守战术基础配合的训练与提高

1. 青少年篮球防守战术基础配合的训练要求

第一，在进行进攻战术基础配合训练的过程中，可将一些

第七章 青少年篮球人才战术能力的培训

防守战术基础配合的训练内容渗透其中,以做到攻守战术配合的有机结合。

第二,防守基础配合的训练重点应以挤过、穿过、交换、关门等基础配合为主。

第三,要让运动员对配合的概念有一个清楚的认识和深刻的理解,并掌握一些基本的配合方法,并且在实战对抗中进行运用,以促进运动员战术配合质量和战术意识的提高。

2. 青少年篮球防守战术基础配合的训练方式

在这里我们重点讲述一下防守掩护配合、交换配合、挤过配合和关门配合的训练方式。

(1) 防守掩护配合的训练方式

防守掩护配合的训练如图7-25所示,⊗在弧顶外持球,④、⑤、⑥轮流做定位掩护,△、△、△防守者练习挤、穿、换防守。当弧顶传球给⑥时,④立即起动借⑤定位掩护摆脱防守切入,△做挤过、穿过或交换防守练习。⑤做完掩护后拉出,④切入后到限制区左侧做定位掩护,⑥将球传过弧顶后利用④掩护切入,△做挤过、穿过或交换防守练习。如此反复进行练习,到一定次数后攻守交换。

图 7-25

(2) 交换配合的训练方式

交换配合的训练如图7-26所示,⊗与④和⑥在外围传接球,当⊗传球给④的同时,⑤给④做后掩护,④将球回传给弧顶队员,④借掩护之机切入篮下,这时△一边跟防,一边通知△,当④

切入时，△突然换防④，并准备断弧顶队员传给④的高吊球，此时△要抢占内侧防守位置，防止⑤接弧顶⊗的球。

图 7-26

(3) 挤过配合的训练方式

挤过配合的训练如图 7-27 所示，④去给⑤做掩护，当④接近⑤时，同时⑤准备移动，△要及时向前跨一步靠近⑤，并在⑤与④之间侧身挤过继续防守⑤。⑤去给⑥做掩护，△按△同样的动作挤过。依次进行循环练习，然后攻、守互换。

图 7-27

(4) 关门配合的训练方式

关门配合的训练如图 7-28 所示，④、⑤、⑥在外围相互传球，寻找机会从△与△或△与△之间突破。△、△、△除了要防住自己的对手外，还要协助邻近同伴进行关门，不让对方突破到篮下。当进攻者突破不成把球传出时，关门的队员还应快速还原去防自己的对手。

图 7-28

(二) 青少年篮球整体防守战术的训练与提高

1. 防守快攻的训练与提高

（1）防守快攻的训练要求

第一，统一防守战术指导思想，全队整体布防，各司其职，行动一致，积极主动地从不同位置上全面追截，延缓对方进攻的速度，制止其发动快攻。

第二，积极封堵对方的第一传。例如，阻截接应队员，干扰其向接应区移动，抢占接应点。同时，积极追防进攻快下的队员，或在中场堵截干扰，阻挠对方，使其不能顺利地传球和运球。

第三，在进行防守时，力争在防守人数上均等。当出现以少防多的情况时，应保持沉着冷静，机智果断、大胆出击，以赢得时间上和力量上的均衡。

第四，无论对方何位置进行投篮，都要积极地干扰和封防，影响其投篮命中率，同时积极地拼抢篮板球。

（2）快攻防守的训练方式

①堵截快攻的发动与接应的训练方式

堵截快攻的发动与接应训练如图 7-29 所示，⊗投篮未中，当防守队员△抢到篮板球时，④立即转攻为守，迅速上前挥手封其一传，⑥和⑤分别堵截△和△接应一传。

②夹击第一传训练的训练方式

夹击第一传训练的训练如图7-30所示，当△抢到篮板球时，④和篮下的⑤合作夹击，⑥放弃快下的△，而及时去堵截△的接应，并随时准备断△传出的球。

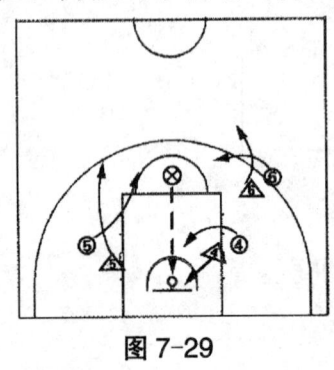

图 7-29　　　　　　　　图 7-30

③快攻结束阶段以少防多的训练方式

在这里我们主要阐述下半场一防二和半场二防三的训练方式。

半场一防二的训练如图7-31所示，当⑥把球传给⑤，⑤沿边线运球推进时，△由中路稍向⑤一侧退防，在退防中要利用假动作干扰对手，当⑤又把球传给⑥时，△立即移向⑥一侧篮下，并随时断⑥回传给⑤的球或及时起跳封盖⑥的投篮和可能的二次篮板球进攻。

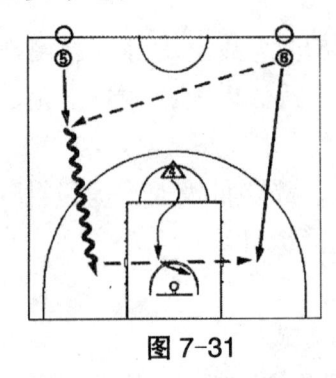

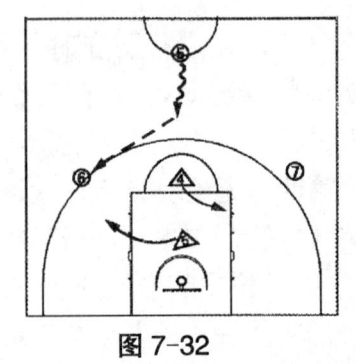

图 7-31　　　　　　　　图 7-32

半场二防三的训练如图7-32所示，⑤从中路运球推进时，△在前堵中路，△在后成重叠防守。当⑤把球传给⑥时，△上前防守⑥，▲立即后撤兼顾防守⑤和⑦。当⑥沿边线运球突破时，▲随之移动防守⑥突破上篮，这时▲要向中区占据篮下有利位置兼防⑤和⑦。当⑥把球传给⑤时，▲要立即移动堵截，▲迅速向篮下移动兼防⑥和⑦。练习中要求：▲和▲在防守中要协同配合，人球兼顾，真假动作结合，抢占有利位置，并伺机断球。

2.区域联防战术的训练与提高

（1）区域联防战术的训练要求

第一，按区各自负责，积极阻挠进入所管区域进攻队员的行动，并与同伴协作进行防守。

第二，要以防球为重点，随球的转移及时调整位置，做到人球兼顾。

第三，要保持防守姿势，挥摆双臂进行阻挠。

第四，要彼此呼应，及时换位、护送，相互帮助，协同防守。

第五，对有球队员要靠近防守，阻挠其投篮和运球突破；对无球队员的移动要阻截，防守处在所管区内的球。

第六，全队队员必须快退迅速布阵，严防进攻队员在篮下活动，极力防止球和进攻队员轻易向内线穿插。

第七，对中锋队员要采取抢前或绕前防守，封堵接球路线，尽可能不让他接球。

第四，当进攻队员投篮时，一定要进行封盖，并组织好抢篮板球，力争获球由守转攻。

（2）区域联防战术的训练方式

①随球移动选位的训练方式

第一种，随外围球的转移进行移动选位。五人按联防形式防守，外围四人传、接球进攻。防守队员根据球的不同位置进行移动，不断调整防守位置。传球时可由慢到快，当防守队员选好正确的位置后再传球。

第二种，根据外围球的转移方向和内线队员的穿插进行移动选位。五人防守，五人进攻。防守队员要根据球移动，同时还应根据内线队员的活动移动，并进行协同防守。开始训练时，外围队员传球，中锋在内线穿插，然后可以适当地将球传给中锋，中锋接球后再传出，训练防守队员的伸缩移动能力，体会球到篮下的防守方法。

②局部对抗的训练方式

第一种，一防二训练。二人外围传球，一人左右来回移动防守有球队员。二人传球不要太快，待防守者到位后再传给另一队员。

第二种，二对二训练。进攻队员二人在球场右侧或左侧的3分线附近相互传球。防守队员二人站位在同侧限制区线附近。当本区进攻队员接球时，要按人盯人方法防守，另一队员后撤保护。练习时，当对方球到底角时，要重点防对方底线突破，当对方得球时，按先防突破再防投篮的原则移动。

第三种，二对三训练。进攻队员三人沿3分线站位，进行外围传球。防守队前锋二人在罚球线附近根据球的转移进行防守。练习时，离球近的队员先去防对方得球的队员。另一防守队员选择一防二的位置。

第四种，三防四训练。外围四人传球，三人防守。三人防守应积极移动补位，一人防对方持球队员，二人防对方三名不持球队员，防守区域可机动变化，力求做到球到人到。

3.人盯人防守战术的训练与提高

（1）半场人盯人防守战术的训练与提高

①半场人盯人防守战术的训练要求

第一，在半场人盯人防守战术训练中，由攻转守时，防守队员必须迅速退回后场，形成集体防守的态势，根据对方队员的身高、技术等各项特点进行防守的安排。

第二，要以人球兼顾，以人为主的原则来进行防守。

第三，防守队员的位置选择应根据"球—彼—我—篮"进行应变调整，如防守距离按有球逼、无球截，近球贴、远球堵，近篮封、远篮控，运球要追防的原则进行调整。

②半场人盯人防守战术的训练方式

第一，提高脚步动作的灵活性的训练。从各种脚步动作练习开始逐渐过渡到半场或全场的一对一攻守对抗练习。

第二，半场二对二攻守对抗训练，进攻者掷端线界外球，防守者紧逼或夹击对手，争取断球或使对方违例。

第三，半场五对五攻守对抗训练。进攻者从中圈发球进攻，抢到前场篮板球后积极投篮。防守队员抢到后场篮板球或抢断成功后从中圈发动反攻。

（2）全场紧逼人盯人防守战术的训练与提高

①全场紧逼人盯人防守战术的训练要求

全队要在思想和行动上坚定一致，运用心理优势压倒对手，对对手的紧逼要凶猛，全场紧密防守，以控制对手进攻节奏，破坏其习惯的进攻战术。

②全场紧逼人盯人防守战术的训练方式

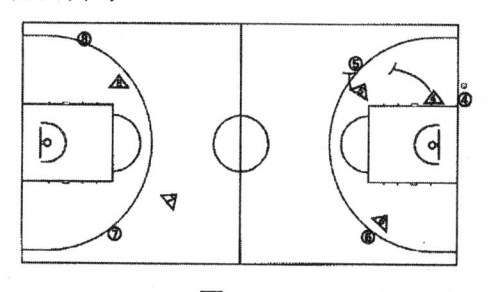

第一种，前场防守的训练方式。对方在后场外掷界外球时的紧逼：一对一紧逼形式，如图 7-33 所示，△积极阻挠④掷界外球，其他前场的防守队员采用错位防守，卡断传球路线，积极抢断球。后场的防守队员应提上防守，与对手保持稍远的距离，并随时准备抢断长传球。

图 7-33

夹击接应的紧逼：在上述一对一紧逼形式中，如果④是控制球能力很强的队员，是该队的主要接应者，△可以放弃对发球人的阻挠，转而对⑤进行夹击，阻止其顺利接应管球。

机动夹击接球者的紧逼：如图 7-34 所示，△和△分别站在

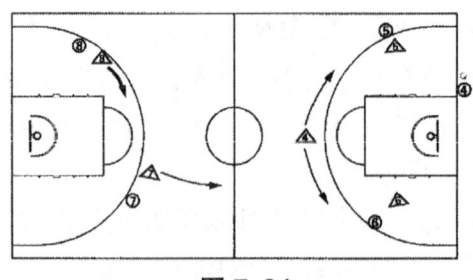

对手的侧前方,阻止对手迎前接应。△放弃防守发球者,退到△和△的后面,随时抢断传给⑤和⑥的高吊球,△提上,准备抢断传给⑥的长传球,△向⑦方向靠一点,准备抢断传给⑦的长传球。

图 7-34

放弃防守发端线界外球队员:当对方球员与后场发边线球时,对于掷球者通常不采用紧逼战术,而用夹击战术对付接球队员。当本方投篮不中,对方抢到篮板球后的全场紧逼,应在移动中就地找人,最主要的是对抢到篮板球和接应的队员及时紧逼,破坏其接应点的传球路线。

第二种,中场防守的训练方式。中场夹击与轮转补防:这种中场紧逼盯人与区域紧逼中的一线夹击存在一些不同之处,全场紧逼人盯人防守的形式是对固定对手的一对一紧逼为主,而区域紧逼以紧逼不固定的对手、守区盯人为宗旨,而全场范围内的补防又与半场范围内的补防不同,具体在防守过程中,应灵活机动调整防守对象。

防中路策应:当对方企图用中路策应的配合攻破第二防区时,防守队员应积极封堵对方向中路的传球路线。其他同伴错位防守,并切断对方策应的接球路线。如果对方队员成功接到球,此时,应防止对方无球队员从第一防区向第二、第三防区空切,切断策应队员再度从第三防区中路策应的接球路线,并要防守对方的空切篮下。

第三种,后场防守的训练方式。一般来说,在后场应继续扩大防守,对持球队员积极封堵,尤其在底线场角,防守队员应积极组织夹击，破坏对方的进攻，促使其出现失误，继续给对方心理上施加压力。如果在前场和中场防守时，由于交换盯人、轮转补防出现防守队员中间高矮错配、强弱不均等现象，可以寻找适当的时机进行调整，以巩固后场的防守实力。

第八章　促进青少年篮球人才综合素质提高的游戏训练

为了最大限度地提高青少年篮球运动员的综合素质，人们探索出了很多培养和训练方式，其中尤以游戏训练方式最具特色。这种方式不同于一般的、按部就班式的培养和训练方式，充满趣味性，能够改变培训现场的气氛，大大激发培训对象的积极性和主动性。因此，将这种游戏训练方式运用到青少年篮球人才的培养与实训中已经成为当下的一种时尚。

第一节　篮球基本活动类游戏训练

篮球基本活动类游戏，主要是指那些能够提高青少年篮球人才基础能力的游戏。这种基础能力主要服务于篮球技术，也就是说，青少年篮球运动员只有提高自己的基础能力，才能更好地掌握篮球技术，提高自己的综合素质。以下就是几种非常典型的篮球基本活动类游戏。

一、"大渔网"游戏

（1）训练目标：培养青少年篮球运动员的灵敏素质，并提高其协同配合能力。

（2）游戏方法：在一块篮球场地上，将参与者分散在篮球场内，先指定两位参与者担任"渔网"，其他人在场内可以任意跑动。游戏开始后，担任"渔网"的两位参与者手拉手在场内跑动，并设法用手触及其他人，被触到者加入"渔网"队伍，如此"渔网"逐渐扩大，直至将场上的人网完，游戏结束。

（3）游戏规则：

①"渔网"不能"破"，如果"渔网"队伍的人松手触到其他人则不算。

②"渔网"队伍以外的人不得离开球场跑动，被迫出界要加入"渔网"队伍。

（4）游戏建议："渔网"可固定2人或3人，在规定的时间内当"渔网"次数少者为获胜的一方。

二、反应追逐游戏

（1）训练目标：提高青少年篮球运动员的灵敏性和快速启动能力。

（2）游戏方法：在一块篮球场地上，将参加者分成甲、乙两队，双方在中线间隔2米面对面站立，听到信号后做起动追逐。如果听到发出"单数"信号，则甲追乙；如果听到发出"双数"信号，则乙追甲。在追至端线前拍击到对方为胜，超过端线后追上无效。

（3）游戏规则：看信号起动，追逐路线为直线，以跑出端线为胜，在场内被拍击者为失败。

（4）游戏建议：当场地端线外区域受限时，可以规定跑过罚球线后追上无效。

三、连续搬家游戏

（1）训练目标：提高青少年篮球运动员的急起、急停能力。

（2）游戏方法：如图8-1所示，在一块篮球场地上，将参与游戏的人平分成两组，使其成纵队站在篮球场一侧的端线，同时在篮球场的前后场罚球线、中线、对侧端线分别放上一个篮球。每队的第一位队员拿一个篮球，听到口令后开始起动，到罚球线急停换球继续跑动,到中线急停换球继续跑动,到前场罚球线和对侧端线做同样的动作,然后再依次返回,将球转交给下一位队友重复上述动作,直到最后一位队员完成为止,先完成的一组获胜。

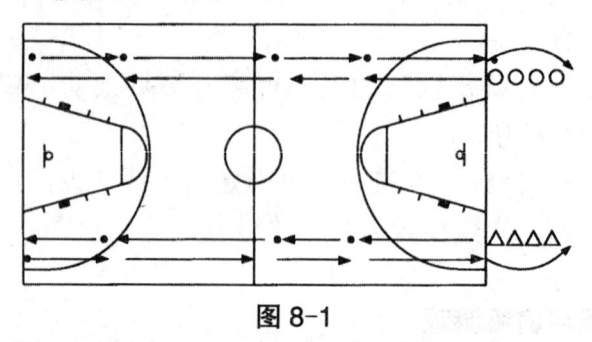

图 8-1

(3) 游戏规则:
①换球时必须将篮球放稳。
②急停换球时脚步动作要干脆利落。

(4) 游戏建议:在这一游戏中,篮球可被其他球代替,参与者可跨步和跳步急停交替前进。

四、摸高比赛游戏

(1) 训练目标:提高青少年篮球运动员的弹跳能力,练习参与者的急停和转身技术动作。

(2) 游戏方法:如图 8-2 所示,在一块篮球场地上,参与游戏的人被平分成两列,纵队站于端线外,中线处分别放置两个篮球。游戏开始,两队排头迅速起跑至中线急停用手摸地上篮球后返回,在篮板下跳起摸篮板两次,再拍击本组第二位队员的手交接,自己站队尾。最先做完的队获得胜利。

(3) 游戏规则:
①交接时,两名队员击掌后才能起跑,否则退回起点重新开始。
②摸篮板时只能摸到篮网的队员要连续起跳 3 次再接力,摸不到篮网的要在篮下尽力纵跳 4 次后再接力。

图 8-2

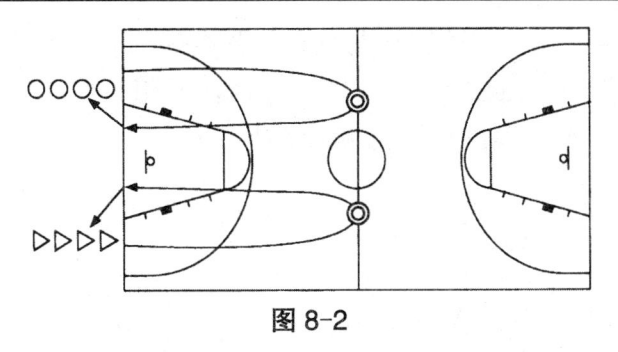

（4）游戏建议：第一，参与者起跳前的跑动距离和方式可改变；第二，起跳方式可以是单脚、双脚或单双脚交替，触摸方式可以是单手触摸或双手触摸。

五、冲刺跑游戏

（1）训练目标：提高青少年篮球运动员突然起动、快速转换动作的能力。

（2）游戏方法：在一块篮球场地上，将参与者分为两路纵队绕球场慢跑或向前走，听到鸣哨后，每队末尾的一人立即起动从每队的外侧向排头做冲刺跑，到达排头位置后，换成慢跑或走步前进，先到者得1分。若干次后计算每纵队个人得分的累计分数，分数多者为胜。

（3）游戏规则：
①纵队的各人相隔一臂距离，故意缩短距离者不得分。
②每次都以听到鸣哨为信号，抢跑者没有分数。

（4）游戏建议：如果参加游戏的人数非常多，可以分成几组来进行游戏。

六、耐力蹲跳游戏

（1）训练目标：发展青少年篮球运动员的跳跃耐力，培养其团队精神。

（2）游戏方法：如图8-3所示，在一块训练场地上，将参与者分为几个组,每组 10 人左右。各组参与者手侧平举,相互搭肩围成一个圆圈蹲下。听到口令后,各组一起蹲跳,看哪组坚持的时间长,集体坚持到最后的组获胜。

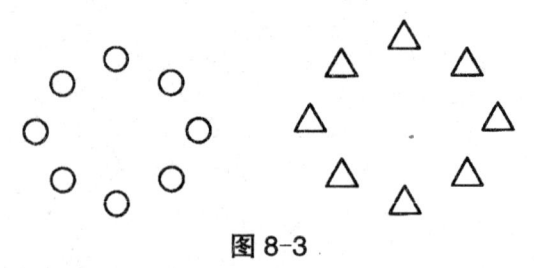

图 8-3

(3) 游戏规则:

①蹲跳时所有参与者的双脚必须明显离地。

②当组内有人停止跳动或离地不明显时,这个组就应停止游戏。

(4) 游戏建议:在游戏过程中,参与者要有团队意识,在跳的过程中要行动统一,步调一致。

七、跳台阶接力游戏

(1) 训练目标:发展青少年篮球运动员的弹跳能力,培养其勇敢的精神。

(2) 游戏方法:选择适合游戏训练的多级台阶。如图 8-4 所示,在台阶下面前方 2 米处画一条起点线,将参与者分成人数相等的两队,成纵队站在起点线后,两队之间间隔 3 米。教练发令后,各队排头用 2 米单脚跳的方法,逐级跳上台阶顶端或规定的位置,然后双脚跳下台阶,击第二人的手掌,第二人接着做同样的动作,直至最后一人做完为止,先完成的队伍获胜。

(3) 游戏规则:

①上跳时,一次最多跳 2 级台阶,一次跳 3 级台阶算犯规。

②下台阶用双脚跳,每一次只能跳一级台阶,多跳者犯规。

(4) 游戏建议:跳台阶时,一定要掌握好距离,避免多跳,也避免少跳,同时要注意安全。

图 8-4

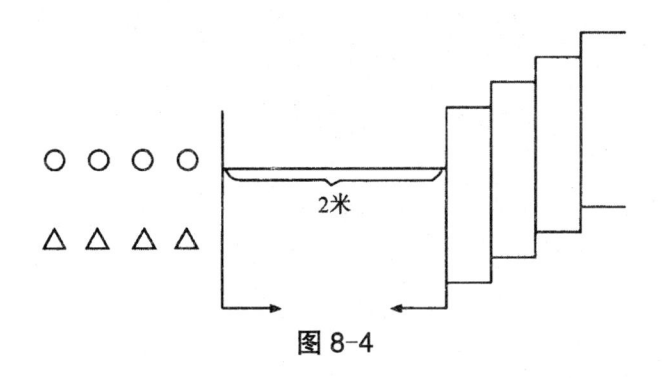

八、碰篮板接力游戏

（1）训练目标：提高青少年篮球运动员的反应能力和弹跳能力。

（2）游戏方法：如图 8-5 所示，在一块篮球场地上，将参加者分为人数相等的甲、乙两队，各成纵队面向篮板站立于球篮下方两侧，排头队员各手持一球。游戏开始后，两队持球队员立即把球碰向篮板，并马上跑离篮板下返回本队队尾；当球从篮板上反弹回来时，第二位队员要立即上一步跳起在空中接住球，同时再次把球碰向篮板，自己返回本队队尾。以同样方法进行，直到规定时间为止，计算双方跳起连续托球碰板的成功次数，次数多的为胜队。

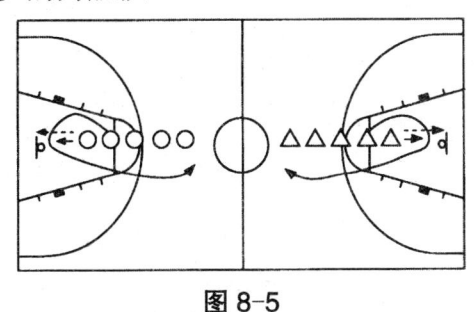

图 8-5

（3）游戏规则：

①每次以球不落地算成功，若中间一次球落地则前面所算的次数全部无效，重新计算次数。

②接球时必须跳起在空中接球并将球碰篮板，否则视为失败，下一位队员开始。

③队员必须按顺序进行，不得替代，否则该队为失败。

（4）游戏建议：在气温较低的情况下，需要加大活动量时，可以变换形式使用两个篮板进行游戏。

九、追捕游戏

（1）训练目标：提高青少年篮球运动员快速移动的能力。

（2）游戏方法：如图8-6所示，在一块篮球场地上，参与者全部分散开来任意跑动，指定其中两人为追捕手。游戏开始后，凡是追捕手触及的人必须用一手按住被触及的部位继续跑动，避开追捕手的触及。如果他第二次被触及，就用另一只手按住第二次被触及的部位继续跑动。在第三次被触及时他就要退出场外，等到第二个退出场外的人一起组成新的追捕手（组），再去追捕其他人。在新的追捕手上场时，被原追捕手触及的人即可"解放"，跑动时一手或双手可不再按住被触及的部位，但如果被新的追捕手触及则仍需要按住被触及的部位再进行跑动。

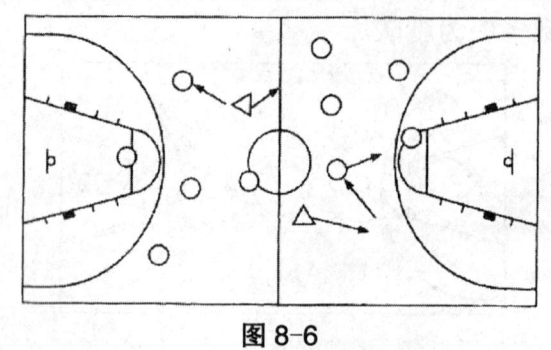

图8-6

（3）游戏规则：

①追捕手的手确实触及被追捕队员才算有效，不得推、抓、

拍打人，否则罚其连续再追捕两人后方可替换。

②以球场为界，如果跑出球场则按被第三次触及处理。

（4）游戏建议：参加游戏的人数多，可分两队进行。

十、火车赛跑游戏

（1）训练目标：提高青少年篮球运动员的力量素质。

（2）游戏方法：在一块篮球场地上，将参与者分成人数相等的两队，各成纵队站在起点线后，每个队员都把自己的右（左）脚伸给前面的人。左（右）手用手掌兜住后面队员伸来的脚，右（左）手搭在前人的肩上。排头不伸脚，排尾兜脚，组成一列"火车"。听到出发口令，全队按照一个节拍向前跳动，排头可以走步。"车尾"先通过前场端线队为胜。

（3）游戏规则：当遇到"翻车"或"脱节"的情况时，必须在原地接好后再前进。"车尾"通过终点才能计成绩。

（4）游戏建议：根据队员不同条件来确定跳跃的距离。

第二节　篮球单项技术类游戏训练

在篮球运动中，传球、运球和投篮是三项最主要的单项技术。对于这三项技术的训练，也可以采用游戏的方式来进行。以下就专门对传球类、运球类和投篮类的游戏训练进行一定的探索。

一、传球类游戏

传球，是指球员将接到的球传给本方队员。开展丰富多彩的传球类游戏，能够在轻松愉快的氛围中大大提高青少年篮球运动员的传球技术。

（一）传球比多游戏

（1）训练目标：提高青少年篮球运动员传球的准确度和接球的稳定性。

（2）游戏方法：如图8-7所示，在一块篮球场地上，将参与者分为人数相等的两队，比赛以中圈跳球开始，在整个篮球场内得球一方在本队队员之间连续传球15次不被对方抢断，即得1分；如果传球未到规定次数而被对方抢断或自己失误，则取消已传次数，直到该队重新获得球再从头计起；在规定时间内得分多的队伍获胜。

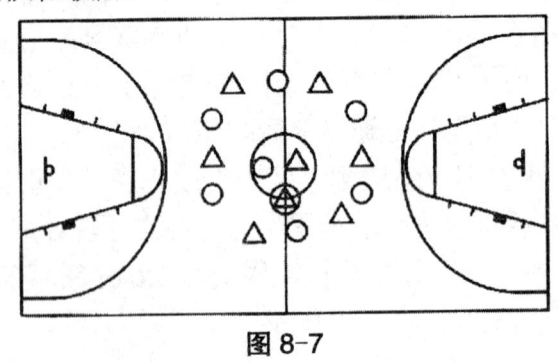

图 8-7

（3）游戏规则：

①有球一方只能传球，不得运、投、带球走，否则算违规。
②抢断球时不得有犯规动作，否则抢到球无效。
③同队之间传球已超过规定次数，而球尚未被对方抢去，可继续传接得分。
④同队两人间传球不得连续进行，否则算违规。

（4）游戏建议：可根据游戏者的水平规定传球的次数；也可不规定具体传球次数，而改规定时间内传接球次数多的队获胜。

（二）传球摸人游戏

（1）训练目标：提高青少年篮球运动员快速传接球的能力和躲闪的灵活性。

第八章 促进青少年篮球人才综合素质提高的游戏训练

（2）游戏方法：如图8-8所示，在一块篮球场地或平整的空地上，将参与者分散在场内任意跑动，并指定两人传球。在不准走步、运球的情况下，传球人通过传接球去追逐并及时用球去摸场上跑动的人。被摸到者加入传球人的行列，最后看谁没被摸到。

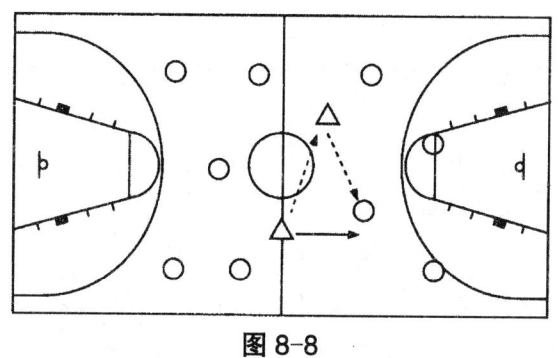

图 8-8

（3）游戏规则：
① 徒手者不准超出规定的场地线，否则算被摸到。
② 传球人只能带着球去摸对方，传球到身上则无效。

（4）游戏建议：可根据参加人数决定开始时的传球人数；场地范围在开始时可先在半场内进行，以后随着传球人的增加可扩大至全场。

（三）长传比准游戏

（1）训练目标：提高青少年篮球运动员长距离传接球的准确性和能力。

（2）游戏方法：如图8-9所示，在篮球场的一个半场罚球线两端画两个直径为2.5米的圆圈，将参与者分成人数相等的两组站在篮球场后场端线后，每组派一位队员站在圆圈内，端线后的队员每人一个篮球向圈内的队员传球，接球人不能出圈接同组的长传球，在圈内接住一个球计1分。每组轮完一遍后得分多的组获胜。

图 8-9

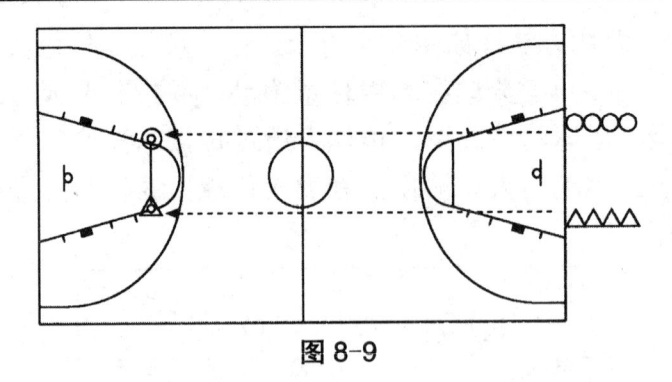

（3）游戏规则：

①人不能越过端线传球。

②接球人出圈接住的球无效。

（4）游戏建议：可以根据队员的具体情况适当调整传球的距离；长传球时注意协调用力。

（四）迎面传接球游戏

（1）训练目标：提高青少年篮球运动员原地传接球的能力。

（2）游戏方法：如图 8-10 所示，在一块篮球场地上，将队员分成三人一组，①和③在罚球线延长线后，②在端线外，①持球。游戏开始后，队员①传球给②，并从一侧跑到②后面，②接球后传给③，也从侧面跑到③后面，如此往返传接球，在规定时间内传接球次数多者获胜。

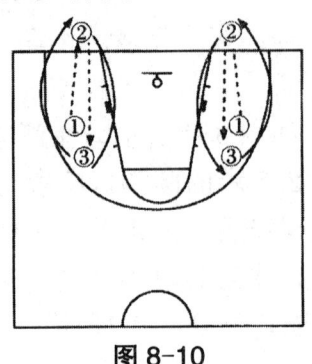

图 8-10

（3）游戏规则：传球出手时不得踩线，必须在原地传完后再跑，不能边传边跑。

第八章 促进青少年篮球人才综合素质提高的游戏训练

（4）游戏建议：传球方法可用双手胸前、双手头上以及反弹、体侧传球等方式。教练可规定好传球方式，也可增减传球距离。

（五）换位传球游戏

（1）训练目标：提高青少年篮球运动员在移动中传接球的技术。

（2）游戏方法：如图8-11所示，在一块篮球场地上，将参与者按四人一组分成若干组，每组两个球，四人站立，相邻两人间隔3米左右，与另两人相距3～5米。游戏开始后，①、②分别将球传给③、④，然后①、②跑动换位接③、④的回传球，③、④传球后也互相换位接①、②的回传球，如此反复进行，在规定时间内传球次数多的组获得胜利。

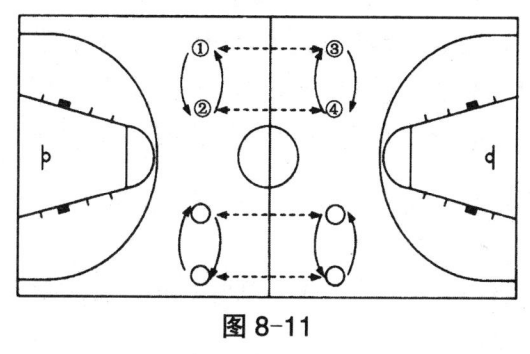

图 8-11

（3）游戏规则：传球计数，一传一接为1次，传接球失误的不算数。

（4）游戏建议：传球的动作要正确，控制好传球的力量和速度。

（六）两人传三球游戏

（1）训练目标：提高青少年篮球运动员快速反应能力和传球技术。

（2）游戏方法：如图8-12所示，在一块篮球场地上，将参与者分为两人一组，两人间隔4～5米，面对面站立。两人用3个球做原地的单手体侧传接球，要让球不停运转直到规定时间，累加其传球次数，次数多的组获胜。

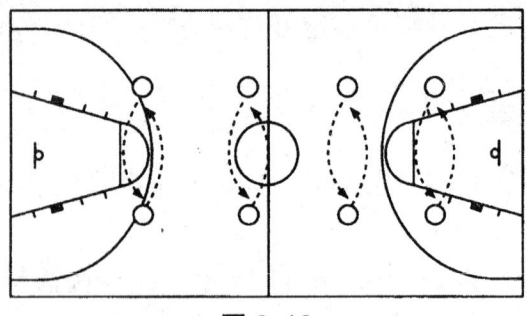

图 8-12

（3）游戏规则：
①计算传球次数以开始手持两球的队员传球次数为准。
②3个球要始终保持运转，不能有明显停顿。
③传球失误时从失误处继续累加下去。

（4）游戏建议：该游戏适用于有一定技术水平的篮球运动者，如果参与者传接球的技术动作还不规范，就不宜采用；游戏中可根据球的数量，几个组同时开始或一个组一个组地进行。

（七）两传一抢游戏

（1）训练目标：使青少年篮球运动员掌握隐蔽传球技术，提高传接球动作速率。

（2）游戏方法：如图 8-13 所示，在一块篮球场地上，将参与者分为三人一组，其中两人为传球者，相距3米左右相对而立，第三人站在两人中间为抢球者。游戏开始后，两位传球者以各种方式相互传接球，不让中间的抢球者抢到球；位于中间的抢球者则以快速来回移动抢截两传球者传出的球，如果其中一个传球者的球被抢球者的手摸到，则两人互换角色继续进行。

（3）游戏规则：
①两位传球者不得拉大传球距离，接球后中枢脚不得移动，违者算犯规。
②不得传高吊球，否则算犯规。

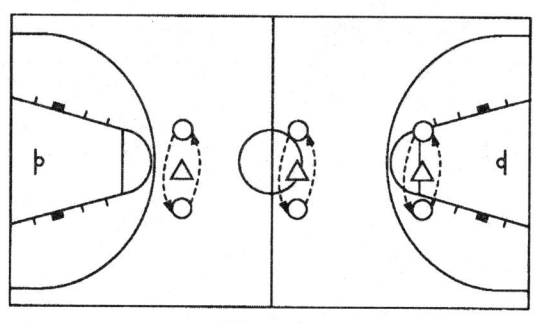

第八章 促进青少年篮球人才综合素质提高的游戏训练

图 8-13

（4）游戏建议：可将该游戏拓展为三传二抢、五传三抢和六传四抢，规则做适当变动即可。

（八）打"龙尾"游戏

（1）训练目标：提高青少年篮球运动员的速度与灵敏度，以及传球技术。

（2）游戏方法：如图 8-14 所示，在一块篮球场地上，将参与者分为人数相等的甲、乙两队，甲队首先围成一个直径约 10～12 米的圆圈，乙队在圆圈内排成纵队，后面的人抱着前面人的腰组成"龙"，排头的队员为"龙头"，排尾的队员为"龙尾"。游戏开始后，圈外的人相互传球，捕捉时机用篮球掷"龙尾"，"龙头"则带领全队迅速奔跑、躲闪或用手挡、打来球，以保护"龙尾"不被球击中；若"龙尾"被击中则到排头担任"龙头"，圈外的人再继续快速传球打断"龙尾"；直到规定时间停止，计算被击中的"龙尾"有多少人；然后与圈外的甲队互换角色，再进行同样的时间后，游戏暂停，计算双方被击中的"龙尾"数，数量少者获胜。

（3）游戏规则：

①圈外人不得缩小圆圈的直径以进入圈内打"龙尾"，否则打中无效。

②圈内的"龙"必须保持纵队队形，不能断开，"龙尾"也不能缩在队伍内，否则算被对方打中。

③只允许打"龙尾"腰部以下的部位，否则打中无效。

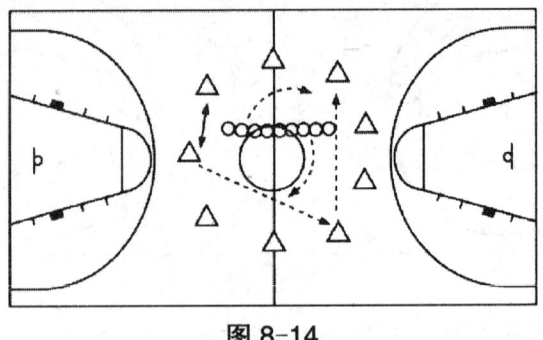

图 8-14

（4）游戏建议：当参加游戏的人数多时，教练可把队员分为三个或更多的队轮流进行。

二、运球类游戏

在篮球运动中，运球技术也是必须要掌握的一项技术。所谓运球，就是指球员用身体的某一部分触球，使球能随其一起运动，从而越过对方的防守。通过运球类游戏，能够大大提高青少年篮球运动者的运球技术。

（一）运球追逐游戏

（1）训练目标：提高青少年篮球运动员手脚协调、脚步移动和行进间控制球的能力。

（2）游戏方法：如图 8-15 所示，在一块篮球场地上，参与者两人一组，每人1球，按图示路线相互追逐，追上得1分。然后恢复到原来的位置上，换另一只手运球追逐，这样重复追逐。在规定的时间内，得分多者获胜。

（3）游戏规则：
①按规定的手运球，否则追拍到前方者无效。
②运球者只能在圈外运球追逐，不得踩线或进入圈内，凡出现1次踩线或进入圈内就算被对方追拍到1次。

③运球失误时必须把球捡起来在失误处继续,此时追拍到前方无效。

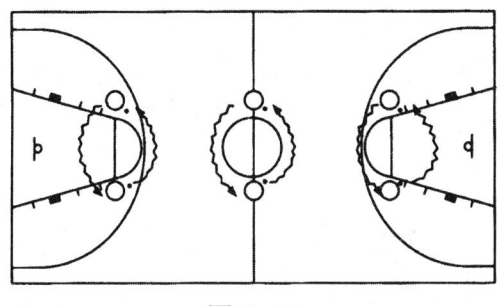

图 8-15

(4)游戏建议:参加游戏的人数少,可分为两队进行对抗;参加游戏的人数多,可在球场的其他地方画几个同样大小的圆圈同时进行。

(二)运球互相拍打游戏

(1)训练目标:帮助青少年篮球运动员熟悉球性,提高控制球和保护球的能力。

(2)游戏方法:如图 8-16 所示,在一块篮球场地上,全体参与者人手一球分散于半场(或三分线以内)内,自己运球并随时伸手拍打周围人的球,同时注意不让自己的球被别人拍打。凡拍打到别人的球得 1 分,被拍打到 1 次算失 1 分,持续 3 分钟后统计各人得分,分数多者获胜。

游戏过程中需要注意的是,要有意识地在游戏的环境中加强弱手运球,提高运球能力。

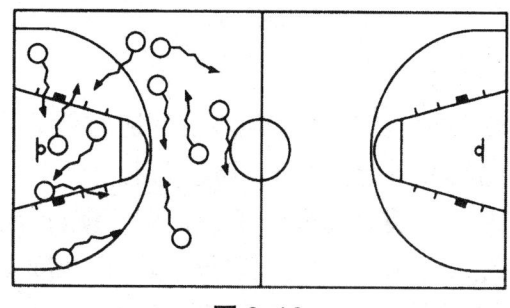

图 8-16

(3) 游戏规则：

①只允许在规定区域内相互拍打，违规者自动退出。

②累计得分多者获胜。

(4) 游戏建议：可有意识地在游戏的环境中加强弱手运球，提高运球能力；可将队员分为两组进行，将个人得分相加获得本组得分，得分高的组获胜。

(三) 运球抓人游戏

(1) 训练目标：提高青少年篮球运动员在行进间的快速运球以及运球急停、转身能力。

(2) 游戏方法：如图 8-17 所示，在一块篮球场地上，参与者平均地分散站立在球场的两条边线和两条端线上，每人手持一个篮球。游戏开始后，全体人员按顺时针方向沿球场的界线运球快跑，后面的队员力求抓住前面一人。当听到鸣哨后马上运球急停、转身，沿球场界线做逆时针方向运球快跑，原来在后面的队员变成在前面的队员，同样抓前面的人。如此反复进行，被抓到的次数少者获胜。

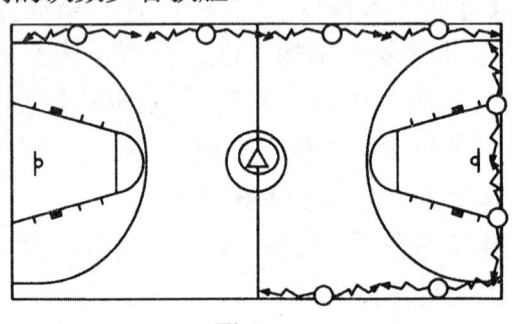

图 8-17

(3) 游戏规则：

①无论是顺时针方向运球跑动还是逆时针方向运球跑动，都只能沿球场的界线进行，否则算被抓到。

②前面的人只要被后面人的手触摸到，就计算为被抓到。

③后面的人抓到前面的人但运球失误，那么即使抓到也无效。

(4) 游戏建议：可规定运球方式与运球手，来增加游戏难度。

（四）"死球"变"活球"游戏

（1）训练目标：发展青少年篮球运动员的手指、手腕拍按球能力。

（2）游戏方法：如图8-18所示，在一块篮球场地上，将参与者分成人数相等的两队成横排相对而立，每人前面放一个篮球。游戏开始后，两排队员同时下蹲用最快的速度把放在地上的"死"球拍"活"成原地高运球姿势站立，在规定时间内站起来的人数多的队获得胜利。

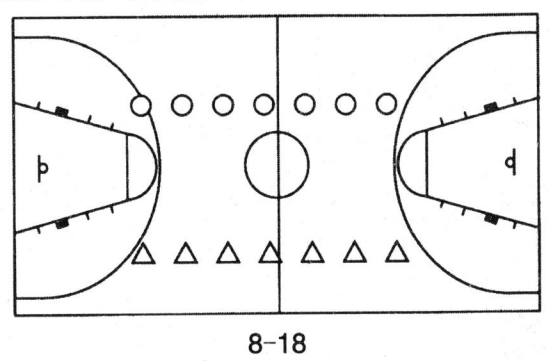

8-18

（3）游戏规则：

①只能用手、手腕的力量迅速拍按球，使球变"活"，把球拿起算违规。

②个人独立完成，不可找同队队员帮忙。

③禁止用任何方式干扰对方拍"活"球。

④犯规者罚其把球连续拍"活"三次后才能算成绩。

（4）游戏建议：若参加游戏的人数多或无法做到每人一个篮球，可把参与者分成若干个小组，每个组的人数与现有的球数相同，采用淘汰方式进行对抗。

（五）"春种秋收"游戏

（1）训练目标：发展青少年篮球运动员在快速运球中变换动作和控制球的能力，以及急停、急起能力。

（2）游戏方法：如图 8-19 所示，在一块篮球场地上，准备 2 个篮球、6 个灌水的矿泉水瓶。将每 3 个矿泉水瓶沿一直线分别间隔一定的距离放于场内，将参与者分为人数相等的两队，成纵队面向场地站于端线后，排头持球。游戏开始后，排头快速起动向对面端线运球，途中依次把 3 个瓶子推倒，运至对面端线后返回，再依次把 3 个瓶子扶起，至端线后将球交给下一位，依此进行，每人一次，先做完的队为胜。

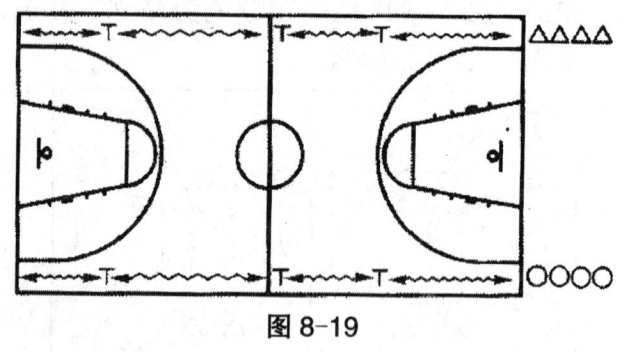

图 8-19

（3）游戏规则：
①推瓶或扶瓶时，另一只手必须同时做低运球，不能持球。
②返回至端线后用双手低手传球的方式将球传给下一位。

（4）游戏建议：可运球至障碍物处做急停急起。

（六）运球障碍接力游戏

（1）训练目标：有针对性地提高青少年篮球运动员的运球技术。

（2）游戏方法：如图 8-20 所示，在一块篮球场地中两个半场的左右两侧各放一个障碍物，将参与者分为人数相等的两队，面向障碍物在同一端线后成一路纵队站立，排头各手持一个篮球。游戏开始后，排头队员按图示路线依次把球运至障碍物处以规定动作做运球突破，返回时按原路线和动作进行，并以手递手方法将球交给下一名队员，直至全队每人都能轮一次，最先完的队获胜。

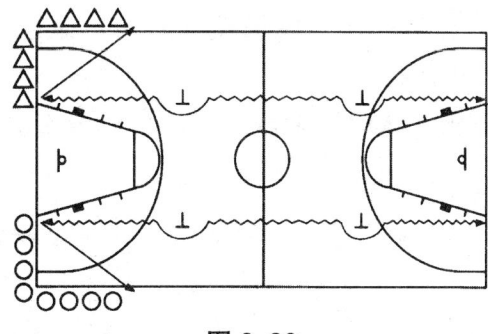

第八章 促进青少年篮球人才综合素质提高的游戏训练

图 8-20

（3）游戏规则：

①运球至前场后必须有一脚踩端线才能返回，否则违规。

②在障碍物处必须按规定要求做运球突破动作，否则违规。

③必须用手递手的方式把球交给下一位队员，否则违规。

（4）游戏建议：过障碍物时要降低重心，转体探肩并保护好球，掌握好节奏；可有意识地规定多个不同的运球动作组合起来进行该游戏。

（七）变向运球接力游戏

（1）训练目标：提高青少年篮球运动员在快速移动中变向运球的能力。

（2）游戏方法：如图 8-21 所示，在一块篮球场地上，将参加者分成人数相等的两个队伍，在同一端线的两个场角上成纵队站立，排头的队员各拿一个篮球。游戏开始后，排头队员带着球开始出发，在第一个障碍物前做变向换手运球，在第二个障碍物前做背后运球，在第三个障碍物前做后转身运球，到另一端线的两个场角后返回，返回的路线和方法与前面的相同，最后以手递手的方式与本队的下一位队员交接球。全队每位队员轮完一次，哪个队的速度快哪个队获胜。

（3）游戏规则：

①运球过程中必须有一只脚踏入或踩在规定的位置上，方能继续向预定方向运球前进，否则判为犯规。

②前一位队员与后一位队员交接球时，必须采用手递手的方式，否则判为犯规。

③犯规者须在本队最后重跑一次，之前跑的次数不算。

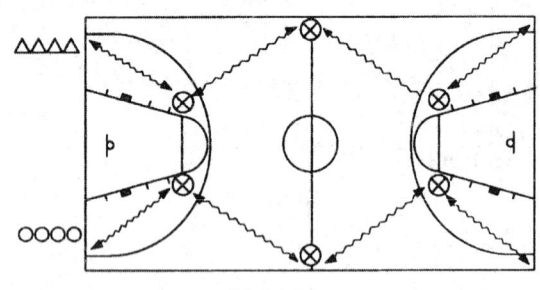

图 8-21

（4）游戏建议：可规定使用不同的运球方法进行该游戏；该游戏适合有一定运球基础的人进行。

三、投篮类游戏

投篮技术是篮球运动中的一项关键性技术，是唯一的得分手段。在青少年篮球训练过程中，开展投篮类游戏有助于提高青少年篮球运动员投篮的稳定性、投篮的命中率和对抗状态下的投篮能力。

（一）连续跳投游戏

（1）训练目标：提高青少年篮球运动员跳投的命中率。

（2）游戏方法：如图 8-22 所示，在一块篮球场半场的三分线内左右各放一标志物，标志物距端线 2 米左右，将参与者分为人数相等的甲、乙两个纵队，并面向球篮站立于三分线外，排头的队员不拿球，其余队员每人拿 1 个篮球。游戏开始后，甲、乙两队排头队员向同侧标志物的方向做侧身跑，跑到标志物外接本队队员传来的球急停跳投，不管有没有投中，都要去抢篮板球并返回本队队尾。这样连续不断进行，在规定时间内命中次数多的队伍获胜。

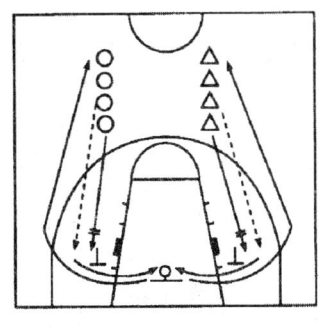

图 8-22

（3）游戏规则：

①必须按顺序传球和投篮，不按顺序进行的人投中无效。

②跳投时必须处在标志物外，在标志物内投中无效。

③如果传接球失误，则失误者把球捡回再排到队尾，不能在原地重新投篮。

（4）游戏建议：可采取三局两胜制进行比赛，每局完后，双方互换场地；最后的获胜规定可改为完成规定的命中次数的队获胜；人数多时可选择在两个半场内同时进行比赛。

（二）抢投30分游戏

（1）训练目标：提高青少年篮球运动员快速投篮的能力。

（2）游戏方法：如图 8-23 所示，在一块篮球场地上，将参与者分为人数相等的 4 个纵队，各队站在距篮圈 5 米的 45°位置，排头队员各拿一个篮球，每两个队用一个篮筐。游戏开始后，每一队伍的排头队员在原地跳投一次，罚球一次，自己抢球，不管是否投中，都把球传给下一位队员，每位队员都按这样的方法进行，跳投投中得 2 分，罚球投中得 1 分，如此累计分值，直到投满 30 分为止，完成最快的队伍获胜。

（3）游戏规则：

①必须按照限制的投篮距离投篮，跳投时的起跳点要在规定的范围内。

②其他队员不得故意干扰对方投篮。

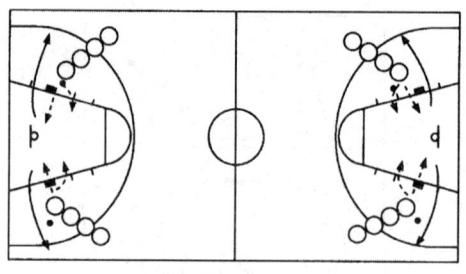

图 8-23

（4）游戏建议：根据参与者的实际投篮水平，可对投篮距离提出不同的要求或规定。

（三）多角度投篮比赛游戏

（1）训练目标：提高青少年篮球运动员投篮的稳定性、命中率。

（2）游戏方法：如图 8-24 所示，在一块篮球场地的半场上，距投篮区 5.5 米处，分别设 0°角、45°角、60°角、90°角几个投篮点。将参与者分为人数相等的甲、乙两队，分别成纵队站立在端线左、右两边的 0°角上，排头队员各拿一个篮球。游戏开始后，两队的排头队员开始投篮，从 0°角的位置开始，直到在 90°角的位置投完后，返回原点。下一位队员接着进行。所有队员投完后，最先回到原点的队获胜。

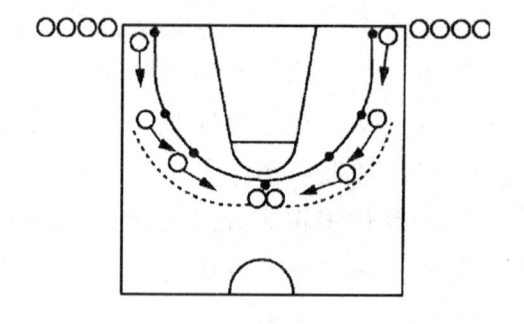

图 8-24

（3）游戏规则：必须在一个角度的投篮位置投中后才能到下一个角度的投篮点投篮。

第八章　促进青少年篮球人才综合素质提高的游戏训练

（4）游戏建议：可改变获胜办法，如按规定时间，投中得多的队伍获胜。

（四）罚球比赛游戏

（1）训练目标：提高青少年篮球运动员在原地投篮的命中率和技术动作的质量。

（2）游戏方法：如图 8-25 所示，在一块篮球场地上，将参与者分成人数相等的两队，两队分别面向球篮成纵队站立于罚球线后，排头队员各拿一个篮球。游戏开始后，每个队从排头队员开始依次罚球，不管是否投中都由投篮队员自己去抢篮板球传给下一位队员，如此循环下去，直到完成规定的投中个数，最先完成的队获胜。

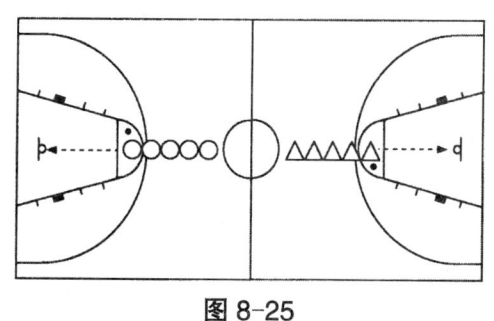

图 8-25

（3）游戏规则：

①罚球队员必须站在罚球线后半圆内投篮，并在 5 秒钟内投球离手。

②在球触及篮圈前不得触及罚球线或罚球线前的地面。

③不得做假动作罚球。

④罚球中，当球与篮圈接触时不得触及球篮或篮板。

（4）游戏建议：可规定全队每人投篮出手次数或时间，累计投中个数，投中个数多的队伍获胜。

（五）三分领先赛游戏

（1）训练目标：锻炼青少年篮球运动员的心理素质，提高三分球的命中率。

（2）游戏方法：如图8-26所示，在一块篮球场地上，将参与者分为人数相等的甲、乙两队，每个队再分为人数相等的两组，分别站在两边。游戏开始后，排在两个0°角三分线外的排头队员投篮，比赛的顺序是甲1、乙1、甲2、乙2……最先进5个球的队伍获胜。

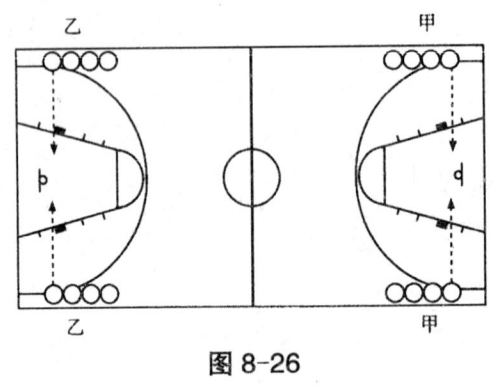

图8-26

（3）游戏规则：按顺序依次进行比赛，队员在中途不可交换位置。

（4）游戏建议：可以改变投篮点，如在45°角处、90°角处；可要求各队大声报出本队投中的数目，在鼓励本队队员的同时，给对方增加心理压力。

（六）投篮积分赛游戏

（1）训练目标：提高青少年篮球运动员在快速移动中接球上篮的能力。

（2）游戏方法：如图8-27所示，在一块篮球场地上，将参与者分为人数相等的两队，场地按纵轴分开，每队各占一半场地。队员在本队的半场中线角上站立，每队排头的队员在篮下手拿一球。游戏开始后，排头的队员运球出罚球线并长传给第二位队员投篮。第二位队员接到球后直接投篮，投中得2分，接球后再运球上篮，投中得1分，传球出界则扣2分。排头队员传球后回到本队队尾排队。每队第二位队员投篮后，不管是否投中,都要自抢篮板并运球出罚球线,长传给第三位队员投篮,然后到本队队尾排队。如此依次进行,积分最先达到30分的队伍获胜。

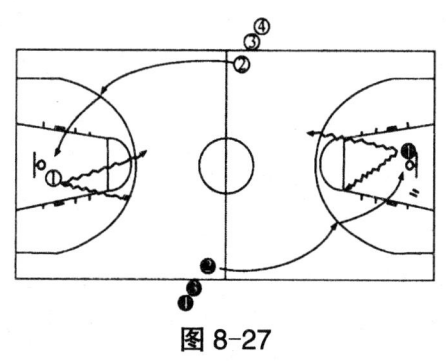

图 8-27

（3）游戏规则:

①传球队员在长传球时,不能超过罚球弧顶。

②长传球出界时,投篮队员必须把球捡回,但不能继续投篮,只能到篮下开始传球。

（4）游戏建议:可具体规定投篮的方式,如低手上篮、高手上篮等。

（七）换球上篮接力游戏

（1）训练目标:提高青少年篮球运动员在快速跑动中运球上篮的能力。

（2）游戏方法:如图8-28所示,在一块篮球场地的中线上放两个篮球,将参加者分为人数相等的两队,并成横队面向场内站在两端线外,每队排头队员拿一个篮球。游戏开始后,两队排头队员运球快跑到中线处,放下手中的篮球,捡起地上另外放的篮球快速运球投篮,投中后按原路线回到中线换之前放下的篮球,再运到起点处,将篮球交给下一位队员,如此按顺序进行,直到全队每人做完一次,先完成的队获胜。

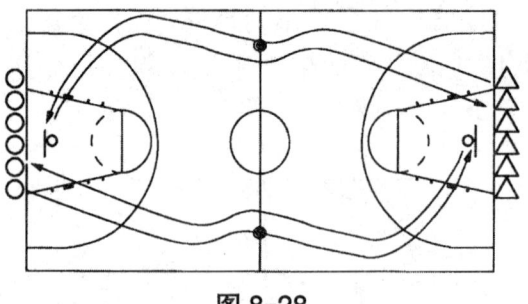

图 8-28

（3）游戏规则：

①每次投篮必须投中才能返回，可采用任何方法补中。

②队员必须在端线手递手交接球，否则此次运球上篮无效，该队员要在本队最后重做一次。

（4）游戏建议：为了增加难度，可把直接投篮改为运球至罚球线投篮，不进补中。

第三节 篮球综合素质类游戏训练

篮球运动是一项竞技性很强的集体运动。篮球运动员只有具备综合性的素质，才能真正打好篮球，获得成功。因此，综合素质的培养极为关键。对于青少年篮球运动者来说，可以通过游戏培训的方式来培养他们的身体素质、心理素质、各项运动能力等综合素质。以下就介绍几种能够提高青少年篮球运动员综合素质的游戏。

一、"矮人"接力比赛游戏

（1）训练目标：增强青少年篮球运动员的下肢力量和半蹲跑耐力。

（2）游戏方法：在一块篮球场地上，将参与者分为人数相等的两队，每队又分为甲、乙两组，各成纵队站立于球场端线和中线后，队与队间相隔约3米。游戏开始后，各队甲组排头以屈膝半蹲并用胸、腿把实心球夹在腹部，双手放开，迅速跑向本队乙组处，脚踩中线后把球交给乙组排头队员，站到乙组排尾，乙组排头以同样的方法跑出并把球交甲组第二人，如此按顺序进行，直到全队每人做完一次，先完成的队获胜。

（3）游戏规则：

①起动和交接必须在球场端线和中线后进行，否则犯规。

②跑动中不得用手扶球，球若落地则在原地重新开始。

（4）游戏建议：可具体规定交接球的动作，以增加难度。

二、你抓我救游戏

（1）训练目标：提高青少年篮球运动员的跑动的速度和灵敏性，以及反应和躲闪能力。

（2）游戏方法：如图8-29所示，在一块篮球场地上，将球场的中圈作为"禁区"，指定参与者中的5人为追逐者，其余人作为被追逐者。游戏开始后，被追逐者在场内随意跑动，追逐者抓到被追逐者后，将其送到"禁区"内。没有被抓到的被追逐者可寻找机会和采用一些正确的方法避开守在"禁区"旁边的追逐者去营救"禁区"内的队员。如果所有被追逐者全被抓完送进"禁区"，则追逐者队伍获胜；如果"禁区"内的被追逐者全被营救出来，则被追逐者队伍获胜。

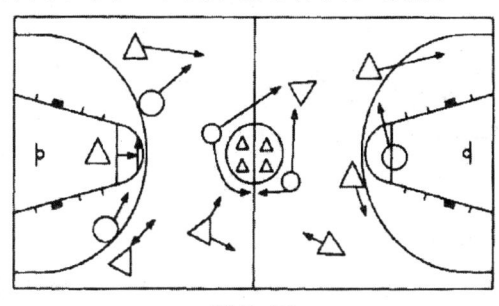

图 8-29

（3）游戏规则：

①"禁区"外的人用手拍到"禁区"内的人的手掌则视为营救成功。

②被追逐者在营救队员时，被追逐者抓到，同样要进入"禁区"内等待同伴的营救。

③追逐者只有抓住被追逐者才算抓到，仅仅拍到无效。

（4）游戏建议：该游戏可设计各种动作方式进行追逐，如快跑、竞走或单脚跳等方式。

三、跑动报数游戏

（1）训练目标：提高青少年篮球运动员的注意集中能力。

（2）游戏方法：如图8-30所示，在一块篮球场地上，将参与者分为人数相等的两队，两队相向成两列横队站立。游戏开始后，每个队从排头队员开始依次按奇数1、3、5、7、9……报数，最后一位队员报完后迅速跑到排头站立，再依次按偶数2、4、6、8、10……报数，最后一位队员报完后再次跑到排头，又按奇数报数，如此反复进行，直到所有队员轮完为止。先轮完的队获胜。

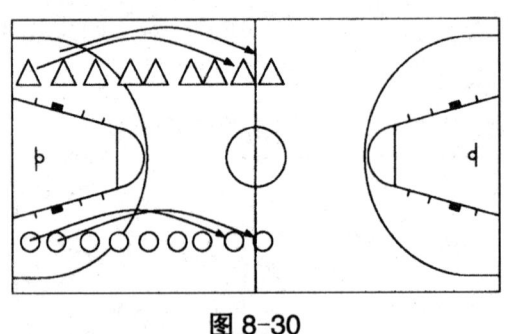

图 8-30

（3）游戏规则：

①必须按顺序报数，不得两人或多人同时或间隔抢报。

②在一次报数中，不得奇数、偶数掺混报。

③排尾队员在报完数后才可以起跑，不得未报先跑或边报

边跑。

④违反以上规定之一,则全队重新开始。

(4)游戏建议:人数不多时,可按数字几的倍数报数,如先按3的倍数:3、6、9、12、15……报数,再按4的倍数:4、8、12、16、20……报数。

四、"大象"走路游戏

(1)训练目标:提高青少年篮球运动员的注意力。

(2)游戏方法:如图8-31所示,在一块篮球场地上,将参与者分为人数相等的两队,成两列横队站立。全队按指挥者的口令学"大象"走路:即左右两脚开立,与肩同宽,体前屈,两手掌撑地。走路时手、脚按以下顺序依次进行:前移右手—前迈左脚—前移左手—前迈右脚,后退时动作相同但方向相反;左移时,左手、左脚同时左移,右手、右脚跟着左移,右移同理,只是方向不同。在走路过程中,动作做错者扣该队1分,最后计算各队被扣分数,扣分少的队获胜。

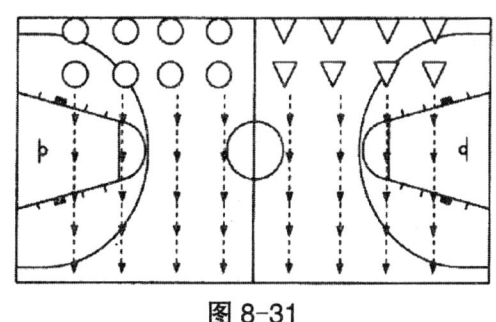

图 8-31

(3)游戏规则:

①进退过程中四肢移动的顺序不能颠倒,否则视为做错。

②全队动作要准确,要整齐一致,节奏要清楚,手脚配合协调,否则视为做错。

(4)游戏建议:在开始时可以不强调速度与距离,熟练以后可逐渐强调速度或距离,提高难度要求。

五、突围游戏

(1) 训练目标：提高青少年篮球运动员的对抗力量、反应能力和灵活性。

(2) 游戏方法：如图8-32所示，在一块篮球场地上，将参与者分为人数相等的甲、乙两队。先由甲队队员相互握手腕站成一个圆圈，把乙队全体队员围在圆圈内。游戏开始后，乙队队员要设法从圈内挣脱出圈，甲队队员要设法阻止对方从圈内向外突围。到规定时间为止，双方交换圈内外角色。一个回合后计算双方突围的人数，突围人数多的队获胜。

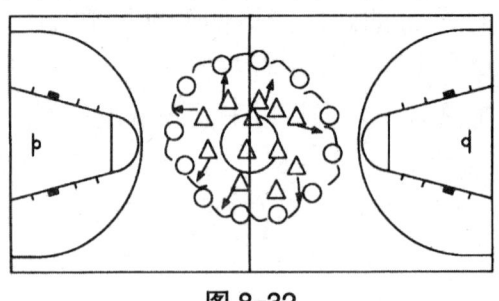

图 8-32

(3) 游戏规则：

①围成圈的队员只能用握住的手拦对方，但不可以松手抓对方，否则算犯规。

②圈内的队员只能使用巧法突围，而不是用手拉开对方握住的手腕突围，否则算犯规。

③如果围成圈的队员犯规，算对方突围成功；如果圈内队员犯规，则突围无效。

(4) 游戏建议：如果参与者较多，可分几个队同时进行。

六、"橄榄球—手球"比赛游戏

(1) 训练目标：提高青少年篮球运动员在对抗中快速奔跑和连续变向的能力。

(2) 游戏方法：如图8-33所示，在篮球场两篮架下各画一个"球门",限制区为"门区",把参与者分为人数相等的两队。比赛开始,双方在场地的中间用篮球比赛的跳球方式把球拍给本队队员,队员获球后均可用传、运、抱球跑等方式,躲闪对方的拦阻或夺球,向对方"球门"推进,抱球者连人带球有一脚踏入"门区"内或线上,即得1分,并将球射入球门得3分,门区外射门得2分。防守队要积极防守,进行围守、拦截和反击。如进攻队得分则由对方在就近的界线外掷界外球继续比赛。比赛可进行5～10分钟,得分多的队获胜。

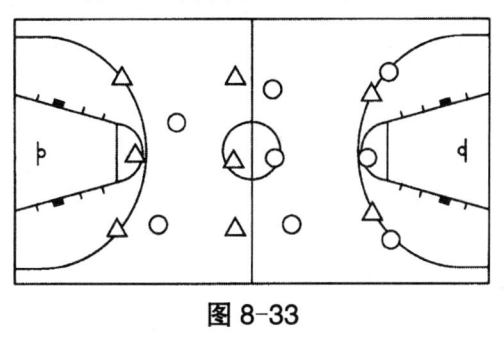

图 8-33

(3) 游戏规则:

①参与者不可用脚踢球,或有意推人、打人,违者罚其下场至对方攻进球后方允许再进场比赛。

②持球进攻者不得强行"撞"开抢球的对手,只能用躲闪、变向方法进入球门,违者罚其下场直至对方进一球后方允许再进场比赛。

③不设"守门员",防守队可在"球门"附近组成"人墙",把对方持球者"顶"离将要进入的"球门"或抢夺他的球。

(4) 游戏建议:可适当调整参与者的人数;参与者要尽可能地通过配合完成进攻或防守。

七、"三"条腿走路游戏

(1) 训练目标:提高青少年篮球运动员的柔韧性和协调能力。

(2) 游戏方法:如图8-34所示,在一块篮球场地上,将参与者分成两人一组的若干组,两人呈以下姿势分别站在球场的同一端线后：两人肩并肩，相邻的队员的手相互搂住同伴的后颈，两腿分开，上体微微前倾，相邻的队员的两腿用布带绑在一起，形成两人"三"条腿。出发信号发出后，各组以此"三"条腿走路的方式向前行进，最先到达场地另一端端线的一组获胜。

图 8-34

（3）游戏规则：

①两人用布带绑在一起的腿不得脱离，要继续前行必须在原地先绑好两个人的腿。

②当两人的"三"条腿到达场地另一端端线后时，才可算方到达终点。

（4）游戏建议：该游戏可改为两队三条腿走路迎面接力比赛；也可改为三人四足跑或五人六足跑。

八、救"伤员"游戏

（1）训练目标：增强青少年篮球运动员的下肢和腹背力量。

（2）游戏方法：如图 8-35 所示，在一块篮球场地上，将参与者分为人数相等的两队，各成纵队面向场内站立于球场一端端线后，每队由教练指定一人为"伤员"。游戏开始后，两队排头背起"伤员"向前快跑，跑至中线后用脚踩中线返回，把"伤员"交本队第二人以同样的方法进行，直至全队每人背完一次，先完成的队获胜。

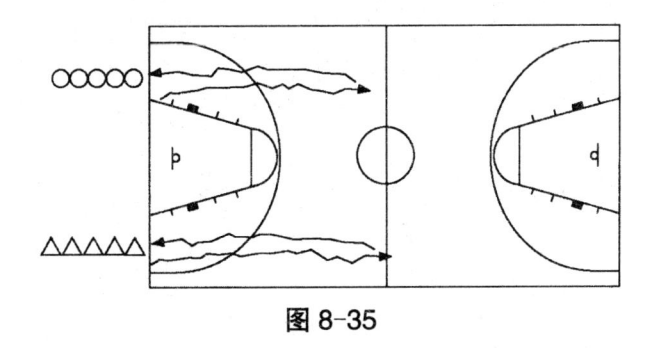

第八章 促进青少年篮球人才综合素质提高的游戏训练

图 8-35

（3）游戏规则：

①背人方式不限，但背的过程中，"伤员"的任何一只脚不得着地，否则该次背人无效。

②交接"伤员"只能在起点端线后进行，否则无效。

③凡被判无效者必须重做一次。

（4）游戏建议：背完"伤员"的人员可以当"伤员"让没有背完的队员背，当然每队只能有一个"伤员"。

九、抬"木头人"游戏

（1）训练目标：增强青少年篮球运动员的腹背力量和持续的张力。

（2）游戏方法：如图 8-36 所示，在一块篮球场地上，球场的中线外并排放置两张体操用的垫子，两垫子相隔约 6～8 米。将参与者分为人数相等的两队，分别成纵队站立于球场中线的另一侧，正对各自的垫子，两队排头首先跑至垫子上仰卧挺直，称为"木头人"。游戏开始后，两队在起点上的第一人迅速起动跑至垫子上用两手托头把仰卧在垫子上的同伴抬成直立，并迅速以同样方法在垫上仰卧；被托起的人则快速回到本队与下一人击掌后，排回本队队尾；被击掌的队员又快速跑到垫子上托起仰卧在垫子上的队员……如此反复进行，直到最先仰卧在垫上的队员把本队最后一名队员抬起并一同返回本队为止。先完成游戏的队获胜。

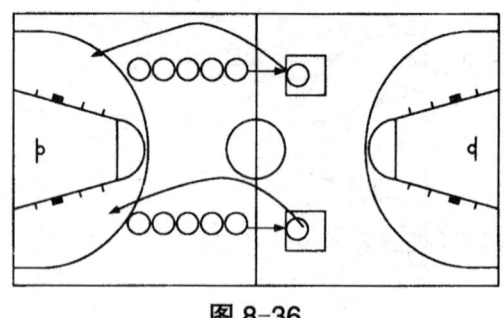

图 8-36

（3）游戏规则：

①"木头人"只有被抬起成直立后方能跑动，不得自己爬起来。

②抬"木头人"者只有把队员抬起后方能躺下。

③起点处的队员只有在被击掌后方能启动。

④凡违反上述规则者，须重做一次。

（4）游戏建议：可用两人抬"木头人"，抬起"木头人"后其中一人躺下当"木头人"，另一人和原"木头人"跑回。

十、"关门"游戏

（1）训练目标：提高青少年篮球运动者的防守技术，培养相互配合意识。

（2）游戏方法：如图 8-37 所示，在一块篮球场地上，准备若干个篮球，并在场地上画几个与中圈等大的圆。在每个圆的中间放一个篮球。将参与者分为几组，每组分防守 4 人和进攻 3 人站在有篮球的圆圈外。游戏开始后，在 2 分钟时间内，进攻的人员利用身体假动作、转身、急停及各种脚步动作设法进入圆圈触摸球，而防守的人员则通过快速移动及相邻两人的"关门"配合阻止对方进入圆圈内摸球。计进攻的一方进入圆圈触摸球的次数。到规定的时间，两队交换位置，游戏重新开始。最后摸球次数多的队获胜。

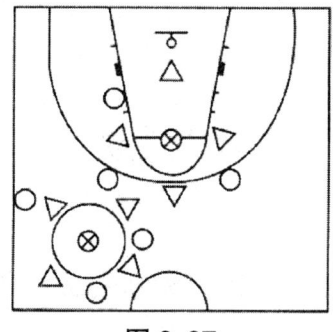

图 8-37

（3）游戏规则：只能依靠身体快速移动来防守或进攻，不能用手臂阻挡对方或推开对方。

（4）游戏建议：围在圆圈外的进攻者和防守者的人数可做出适当的增加或减少，但要保持防守者比进攻者多一人。

参考文献

[1] 张慧智，高悦．现代篮球训练方法与人才培养研究．北京：中国水利水电出版社，2013

[2] 叶巍．新视角下篮球运动之人才研究．长春：吉林大学出版社，2013

[3] 于振峰等．新时期我国竞技篮球项目后备人才培养研究．北京：北京体育大学出版社，2012

[4] 高治．现代篮球技战术实践与创新．北京：中国书籍出版社，2014

[5] 许博．篮球规则图解——2015．北京：化学工业出版社，2015

[6] 贾志强，贺金梅．篮球基本技术课堂．北京：北京体育大学出版社，2015

[7] 王向宏等．体能训练理论与方法．北京：北京航空航天大学出版社，2010

[8] 全国体育院校教材委员会审定．篮球运动高级教程．北京：人民体育出版社，2000

[9] 张秀华，刘玉林．篮球系统战术．北京：人民体育出版社，2005

[10] 郭永波．篮球运动教程．北京：北京体育大学出版社，2005

[11] 张瑞林．篮球运动．北京：高等教育出版社，2005

[12] 孙民治．篮球运动教程．北京：人民体育出版社，2006

[13] 刘玉林等．现代篮球运动研究．北京：人民体育出版社，2006

[14] 田玉军．实用篮球技战术解析．北京：中国商务出版社，2008

[15]（美）艾克著；高博译．NBA 篮球训练法．北京：化学工业出版社，2013

[16]（美）裴博儒，裴派特著；张云涛译．青少年篮球训练 110 法．北京：人民体育出版社，2004

[17] 于振峰等．篮球对抗技术．北京：人民体育出版社，2001

[18] 唐建倦．现代篮球运动教程：理论•方法•实践．广州：华南理工大学出版社，2014

[19] 柴建设，张建丰．中国特色青少年篮球人才培养与发展模式研究．新乡教育学院学报，2008（02）

[20] 雷先良．我国竞技篮球人才培训基地布局特征研究．体育科技文献通报，2011，19（11）

[21] 姚勉．青少年篮球人才的培养模式浅析．湖南民族职业学院学报，2007，3（4）

[22] 高建磊．转型期我国青少年篮球人才培养状态研究．佛山科学技术学院学报，2003，21（1）